Quick Guide

Reihe herausgegeben von
Springer Fachmedien Wiesbaden, Wiesbaden, Deutschland

Quick Guides liefern schnell erschließbares, kompaktes und umsetzungsorientiertes Wissen. Leser erhalten mit den Quick Guides verlässliche Fachinformationen, um mitreden, fundiert entscheiden und direkt handeln zu können.

Ramona Greiner · Matthias Böck · Jonas Rashedi

Quick Guide KI-Kompetenz für Analytics

Was Sie über KI wissen müssen und wie Sie die AI-Literacy in Ihrer Organisation erhöhen

Ramona Greiner
Feld-M GmbH
München, Bayern, Deutschland

Matthias Böck
Feld-M GmbH
München, Bayern, Deutschland

Jonas Rashedi
Rashedi Consulting GmbH
Waldbronn, Deutschland

ISSN 2662-9240 ISSN 2662-9259 (electronic)
Quick Guide
ISBN 978-3-658-44305-4 ISBN 978-3-658-44306-1 (eBook)
https://doi.org/10.1007/978-3-658-44306-1

Die Deutsche Nationalbibliothek verzeichnet diese Publikation in der Deutschen Nationalbibliografie; detaillierte bibliografische Daten sind im Internet über https://portal.dnb.de abrufbar.

© Der/die Herausgeber bzw. der/die Autor(en), exklusiv lizenziert an Springer Fachmedien Wiesbaden GmbH, ein Teil von Springer Nature 2024

Das Werk einschließlich aller seiner Teile ist urheberrechtlich geschützt. Jede Verwertung, die nicht ausdrücklich vom Urheberrechtsgesetz zugelassen ist, bedarf der vorherigen Zustimmung des Verlags. Das gilt insbesondere für Vervielfältigungen, Bearbeitungen, Übersetzungen, Mikroverfilmungen und die Einspeicherung und Verarbeitung in elektronischen Systemen.
Die Wiedergabe von allgemein beschreibenden Bezeichnungen, Marken, Unternehmensnamen etc. in diesem Werk bedeutet nicht, dass diese frei durch jedermann benutzt werden dürfen. Die Berechtigung zur Benutzung unterliegt, auch ohne gesonderten Hinweis hierzu, den Regeln des Markenrechts. Die Rechte des jeweiligen Zeicheninhabers sind zu beachten.
Der Verlag, die Autoren und die Herausgeber gehen davon aus, dass die Angaben und Informationen in diesem Werk zum Zeitpunkt der Veröffentlichung vollständig und korrekt sind. Weder der Verlag noch die Autoren oder die Herausgeber übernehmen, ausdrücklich oder implizit, Gewähr für den Inhalt des Werkes, etwaige Fehler oder Äußerungen. Der Verlag bleibt im Hinblick auf geografische Zuordnungen und Gebietsbezeichnungen in veröffentlichten Karten und Institutionsadressen neutral.

Planung/Lektorat: Rolf-Guenther Hobbeling
Springer Gabler ist ein Imprint der eingetragenen Gesellschaft Springer Fachmedien Wiesbaden GmbH und ist ein Teil von Springer Nature.
Die Anschrift der Gesellschaft ist: Abraham-Lincoln-Str. 46, 65189 Wiesbaden, Germany

Wenn Sie dieses Produkt entsorgen, geben Sie das Papier bitte zum Recycling.

Für Fanni, Janis, Levi und Pari Sophie

Vorwort

> **WAS SIE AUS DIESEM KAPITEL MITNEHMEN**
> - Warum wir im Zeitalter der allgegenwärtigen Künstlichen Intelligenz alle zumindest ein bisschen zu Data Scientists werden müssen
> - Wie wir mit dem eigenen Nicht-Wissen in Zeiten solch rasanter Entwicklung umgehen lernen müssen
> - Welche Auswirkungen KI auf die Arbeitswelt haben wird
> - Welche Kernfragen in diesem Buch behandelt werden

„In the future, everyone will be a Data Scientist for 15 min" lautete – in Anlehnung an ein (angebliches) Zitat von Andy Warhol[1] – das Schlusskapitel von „Analytics und Artificial Intelligence" (Greiner et al., 2022), dem vorherigen gemeinsamen Buch von Ramona Greiner und Matthias Böck (und David Berger), das im September 2022 erschienen ist. Das vorliegende Buch muss nun angesichts der Entwicklungen im Bereich Künstliche Intelligenz (KI) zwangsläufig mit genau diesem Satz beginnen, da sich die im Zitat erwähnte „Zukunft" mit der Veröffentlichung

---

[1] Das Andy Warhol (vmtl. fälschlicherweise) zugeschriebene Zitat lautet „In the future, everyone will be world-famous for 15 minutes." (Guinn & Perry 2005, S. 4).

von OpenAIs ChatGPT im November 2022 sehr schnell in Gegenwart verwandelt hat: KI ist plötzlich für jede:n verfügbar und wer sich nicht mit ihr auseinandersetzt, also zumindest kurzzeitig auch zum Data Scientist wird, bleibt abgehängt zurück.

Altert also nichts so schnell wie ein Buch zum Thema KI, das rund zwei Monate vor ChatGPT erschienen ist? Nicht ganz. Im vorangehenden Buch ist beschrieben, wie man ein Analytics- oder KI-Projekt konzipiert und durchführt und das gilt heute genauso wie zuvor – ebenso die Einführung, was KI eigentlich ist, wie Maschinelles Lernen und Deep Learning funktionieren und wo ethische und technische Fallstricke lauern.

Neu ist seit dem Herbst 2022 allerdings, dass KI-Projekte im Unternehmen nicht mehr vor allem auf gelungenen, eigenen Analytics-Projekten aufbauen oder diese erst erforderlich machen, sondern dass KI-Anwendungen bereits jetzt unsere alltägliche Arbeit im Bereich Analytics verändern und durchdringen: von der Datenerhebung bis zur eigentlichen Wertschöpfung, teilweise ohne dass wir dafür die Daten selbst erheben oder die KI-Tools selbst trainieren müssen. KI-Anwendungen für Analytics-Abteilungen sind großteils massenkompatibel und leicht erhältlich geworden. Daher werden wir im vorliegenden Buch die grundlegenden KI-Kompetenzen für den Bereich Analytics beschreiben, das notwendige Vokabular an die Hand geben und mögliche Einsatzbereiche für KI im Analytics-Umfeld aufzeigen. Es wird um die Vermittlung von Fähigkeiten gehen, die wir alle brauchen, um mit KI umgehen zu können – in je individueller Ausprägung, von strategischen Überlegungen bis hin zu operativen Fertigkeiten.

Gleichzeitig sehen wir uns aber auch beim Thema KI und Analytics mit einem Paradox konfrontiert, mit dem viele Menschen gerade hadern: Je mehr wir zu wissen scheinen, desto offenkundiger wird unsere Unwissenheit. Obwohl wir nun also alle zumindest ein bisschen zu Data Scientists werden und privat wie beruflich mit AI umgehen müssen, sehen wir, dass es nahezu unmöglich ist, mit den Entwicklungen im Bereich KI Schritt zu halten. Und noch schlimmer: Oft müssen wir akzeptieren, dass wir gar nicht mehr durchdringen können, was es überhaupt zu wissen gäbe, und dass wir vermutlich für die Dauer unseres

Lebens mit einer unendlichen Flut an Informationen, Informationsmöglichkeiten und neuen Technologien konfrontiert sein werden – gar nicht davon zu sprechen, dass manche KI-Modelle für uns vermutlich für immer eine Black Box darstellen werden, bei der wir *de facto* nicht wissen KÖNNEN, wie eine Entscheidung zustande kommt.

Dieses Buch handelt deshalb nicht nur von den Grundlagen der KI im Bereich Analytics, sondern auch von einer wesentlichen Fähigkeit, die derzeit immer bedeutender wird: der Kunst des Umgangs mit dem eigenen Nicht-Wissen sowie daran anknüpfend, wie Wissenserwerb und Kompetenzvermittlung in Organisationen in Zeiten der VUCA-Welt[2] aussehen können.

Zusammengefasst gehen wir also den folgenden drei Fragen auf den Grund:

- Inwiefern hat KI Auswirkungen auf unsere Analytics-Arbeit?
- Was müssen Menschen wissen, um neue KI-Tools in ihren täglichen Analytics-Jobs zu nutzen?
- Wie können Unternehmen die KI-Literacy ihrer Mitarbeitenden systematisch erhöhen – nicht nur im Analytics-Bereich, sondern auch darüber hinaus?

Wir sollten in der Auseinandersetzung mit KI unbedingt vermeiden, sie zu anthropomorphisieren, sie also zu vermenschlichen. KI alleine wird zunächst keine Arbeitsplätze ersetzen. Echte Personen werden das tun. Entscheider:innen werden Menschen im Unternehmen dabei nicht zwangsweise *durch* KI, jedoch *wegen* KI ersetzen. Und Menschen, die mit KI umgehen können, werden diese Arbeitsplätze bekommen – obwohl ihnen unter Umständen wichtiges Domänenwissen oder sogenanntes „tacit knowledge" fehlt, das unbewusste, „stumme" Wissen

---

[2] Unsere heutige (Arbeits-)Welt wird oft durch das Akronym VUCA beschrieben, wobei V für Volatility (Flüchtigkeit), U für Uncertainty (Unsicherheit), C für Complexity (Komplexität) und A für Ambiguity (Mehrdeutigkeit) steht. Ursprünglich im US-Militär der 1990er-Jahre entstanden, diente der Begriff dazu, die neuen Herausforderungen in einer multilateralen Welt nach dem Kalten Krieg zu beschreiben. Unternehmen und Wirtschaft haben sich ebenfalls in diesem Akronym wiedergefunden: In unserer vernetzten und hochgradig beschleunigten Welt werden Projekte, Produkte und Prozesse zunehmend schwerer planbar.

über Abläufe im Unternehmen, fachliche Zusammenhänge, die richtigen Ansprechpartner:innen oder Projekthistorien. Die eigentliche Herausforderung besteht also für Angestellte wie Unternehmen darin, die notwendigen Kompetenzen im Bereich KI intern aufzubauen. Wir brauchen eine Basis-KI-Kompetenz, die uns als Grundlage dient, von der aus wir uns jedoch individuell, je nach Anforderungen und Einsatzbereich, in unterschiedliche Richtungen entwickeln können.

Im vorliegenden Buch stellen wir Ihnen das nötige Handwerkszeug zur Verfügung, mit dem Sie einerseits Ihr eigenes Wissen managen, andererseits aber auch strukturiert die KI-Kompetenz in Ihrem Unternehmen erhöhen können – mit praktischen Beispielen und Anleitungen für kontinuierlichen Fortschritt.

Die Aufgabe für Sie, liebe Leser:innen, wird nun darin bestehen, nach der Lektüre gezielt und entsprechend Ihren persönlichen Interessen und beruflichen Anforderungen in die Tiefe zu gehen. Es geht nicht darum, alles zu wissen, sondern darum, die richtigen Fragen zu stellen und das Wissen zu erweitern, wo es notwendig ist. Den Grundstein dazu legen Sie auf den nächsten Seiten.

IHR TRANSFER IN DIE PRAXIS

- Erheben Sie in Ihrem Unternehmen, wofür und in welchem Maße bereits KI-Anwendungen Einsatz finden. Welche Tools werden genutzt?
- Wie können Sie die Sensibilisierung und Akzeptanz für den KI-bedingten Wandel der Arbeitswelt erhöhen?
- Sind in Ihrem Unternehmen Arbeitsplätze durch den Einsatz von KI gefährdet?
- Wie können Sie Arbeitnehmer:innen in Zeiten des Wandels eine Zukunftsperspektive bieten?
- Wie behalten Sie in Ihrem Unternehmen derzeit den Überblick über aktuelle Trends und Entwicklungen?

Ramona Greiner
Matthias Böck
Jonas Rashedi

Literatur

Guinn, J. & Perry, D. (2005). *The Sixteenth Minute: Life In the Aftermath of Fame.* New York: Jeremy F. Tarcher.

Greiner, R., Berger, D., & Böck, M. (2022). *Analytics und Artificial Intelligence – Datenprojekte mehrwertorientiert, agil und nachhaltig planen und umsetzen.* Wiesbaden: Springer Gabler.

Inhaltsverzeichnis

1 **Grundlagen und historische Einordnung** 1
  1.1 Begrifflichkeiten 2
    1.1.1 Artificial Intelligence, Machine Learning, Deep Learning 2
    1.1.2 Data Science, Data Analytics (und Web Analytics), Data Analysis 10
  1.2 AI Literacy/KI-Kompetenz 11
  1.3 Eine kurze Geschichte der GenAI 14
  1.4 Alles, was man über LLMs wissen sollte, sich aber nie getraut hat zu fragen 17
  Literatur 23

2 **Einsatzbereiche von KI im Bereich Analytics** 25
  2.1 Der Data Value Loop in den Zeiten der KI 26
  2.2 KI x Datenerhebung 28
    2.2.1 API Automation 29
    2.2.2 Tracking Automation 30
    2.2.3 Synthetische Daten 31
  2.3 KI x Datenverarbeitung 32
    2.3.1 Excel und Google Sheets 33

		2.3.2	SQL	35
		2.3.3	Python (oder R)	36
		2.3.4	Retrieval Augmented Generation (RAG)	38
	2.4	KI x Datenanalyse		39
		2.4.1	Self-Service Analytics	40
		2.4.2	Der automatisierte BI-Spezialist?	41
	2.5	KI x Datenaktivierung		44
		2.5.1	KI und AdTech	45
		2.5.2	KI und CDP	49
	Literatur			54
3	**Risiken und Chancen für den Einsatz von KI im Unternehmen**			**57**
	3.1	Wirtschaftliche Risiken und Chancen		57
	3.2	Ethische und gesellschaftliche Risiken und Chancen		59
	3.3	Ökologische Risiken und Chancen		62
	Literatur			64
4	**Governance in Zeiten von KI in Analytics – fünf konkrete Schritte**			**65**
	4.1	Zielbestimmung		67
	4.2	Erarbeitung des KI-Governance-Frameworks		68
	4.3	Definition von Verantwortlichkeiten		71
	4.4	Umsetzung und Überwachung		72
	4.5	Kontinuierliche Weiterentwicklung		73
	Literatur			74
5	**AI & Data Analytics trifft Recht: Clash of cultures oder living in harmony? – Gastbeitrag von Peter Hense/Tea Mustać**			**77**
	5.1	Einführung zum Rechtsrahmen der AI-Regulierung im Kontext von Data Analytics		78
		5.1.1	Zweck des Kapitels	78
		5.1.2	Die Schnittstelle zwischen AI based Analytics und rechtlichen Regulierungen	80

5.2	Schlüsselregulierungen im Bereich AI, die Data Analytics beeinflussen	80
	5.2.1 Rechtsrahmen für AI based Analytics mit globalem und europäischem Fokus	81
	5.2.2 Sorgfaltspflichten und Compliance	81
	5.2.3 Fallstudien: Regulierung in Aktion bei AI based Analytics	82
5.3	Implementierung des AI Acts in der Data Analytics-Praxis	87
	5.3.1 Geltungsbereich: Wann muss ich mich rechtskonform verhalten?	87
	5.3.2 Risikobasierter Ansatz: Muss ich etwas tun und wenn ja, wie viel?	88
	5.3.3 Data Governance: Daten im Griff, diesseits und jenseits der DSGVO	89
	5.3.4 Transparenz und Erklärbarkeit von AI-Systemen	91
	5.3.5 Strategien zur Gewährleistung der Compliance in AI-Projekten: Verantwortlichkeit, Sorgfaltspflicht und vertragliche Verantwortungen entlang der Wertschöpfungskette	92
	5.3.6 Verschärfung oder Entspannung: Was bringt die Zukunft?	93
Literatur		94
6 Strategie meets Literacy		**95**
6.1	KI-Strategie von der Business-Strategie ableiten	95
6.2	KI-Kompetenz-Strategie von der KI-Strategie ableiten	101
Literatur		105
7 KI-Kompetenz im Unternehmen erhöhen – vom (Self-)Assessment bis zur Umsetzung		**107**
7.1	Sechs Schlüssel zur KI-Kompetenz	109
	7.1.1 Die Organisation als Motor verstehen	109
	7.1.2 Unternehmensmaturität erheben	114

7.1.3	(Self-)Assessment und Gap-Analyse durchführen	116
7.1.4	Das KI-Kompetenz-Canvas zur Konzeption nutzen	122
7.1.5	Zukunftsfähig bleiben: Drei-Kompetenz-Horizonte & TrendEcholot	129
7.1.6	Daten- und KI-Kultur etablieren	133
7.2	Exemplarische Trainingsformate und Curriculum für einen Grundlagenkurs	137
Literatur		145

Schlussbemerkung: Der Friedhof der KI-Projekte   147

GLOSSAR   153

Über die Autoren

Dr. Ramona Greiner studierte Philosophie, Kunstgeschichte und Literatur. Seit 2017 arbeitet sie als Digital Analytics und Data Ethics Consultant bei FELD M in München. Dort leitet sie internationale Beratungsprojekte, hält Vorträge und Design-Thinking-Workshops. Sie ist Autorin mehrerer Fach- und Sachbücher, unterrichtet Business & Society an der Munich Business School und ist Co-Leiterin der AG Künstliche Intelligenz des Think Tanks D64 – Zentrum für Digitalen Fortschritt e. V.

Dr. Matthias Böck promovierte in Bioinformatik und Machine Learning und arbeitet seit 2013 als Data Scientist im Bereich Data Product bei der Münchner Unternehmensberatung FELD M. Dort ist er Technischer Leiter für Projekte aus den Bereichen Advanced Analytics und Maschinelles Lernen. Dies beinhaltet u. a. Personalisierung, Natural Language Processing oder Vorhersagen sowie die zugrunde liegenden Datenarchitekturen und -strategien. Er hält Design-Thinking-Workshops und arbeitet mit Universitäten an Forschungsprojekten. Neben diesen Feldern beschäftigt er sich mit dem Thema Data for Good und dessen Einsatz in der Praxis.

Jonas Rashedi ist Chief Data Officer bei der FUNKE Mediengruppe und Managing Director bei The Data Institute, wo er Unternehmen dabei berät, durch eine effiziente und klare Datenstrategie ihren Umsatz zu erhöhen. Zuvor war er vier Jahre lang als Director Data Intelligence & Technologies bei der Parfümerie Douglas GmbH beschäftigt. Dort führte er bis zu seinem Ausstieg sieben Teams und begleitete eine Umsatzsteigerung von 300 Millionen auf 1,2 Mrd. Er ist Autor mehrerer Fachbücher und gefragter Speaker auf Data- und Marketing-Events. Als Host seines Podcasts „MY DATA IS BETTER THAN YOURS" interviewt er seit 2020 Datenverantwortliche zu den drängendsten Fragen der Branche.

Abkürzungsverzeichnis

API	Application Programming Interface
AWS	Amazon Web Services
CDP	Customer Data Platform
CLV	Customer Lifetime Value
CRM	Customer Relationship Management
DMP	Data Management Platform
DSGVO	Datenschutzgrundverordnung
DSP	Demand-Side-Platform
DWH	Data Warehouse
KPI	Key Performance Indicator
ML	Machine Learning
NLP	Natural Language Processing
ROI	Return on Investment
SQL	Structured Query Language
SSP	Supply-Side-Platform
UX/UI	User Experience/User Interface

Abbildungsverzeichnis

Abb. 1.1 Schnittmengen (der Teildisziplinen) von AI und Data Science   3
Abb. 1.2 Screenshot der frühen KI „ELIZA" (Marcus & Luccioni, 2023)   4
Abb. 1.3 Machine Learning vs. Deep Learning   9
Abb. 1.4 Übersicht über den Trainingsprozess eines LLMs **a)** Sammlung einer gigantischen Anzahl an Texten. **b)** Tokenisierung: Umwandlung der Texte in Trillionen Token durch Zerlegung in einzelne Wörter/Wortbestandteile und Zuordnung jeweils einer Zahl. **c)** Embedding: Mit jedem Token wird dann ein vieldimensionaler Vektor verknüpft (= „Einbettung" in den Kontext aller anderen Tokens). **d)** Anpassung der Gewichtungen des Neuronalen Netzes, z. B. durch Backpropagation (nach Seemann 2023, S. 17; Metzger 2022)   19
Abb. 2.1 Der Data Value Loop zeigt die Phasen der Datenwertschöpfung als iterativen Prozess   26
Abb. 2.2 Potenzialeinschätzung. Wo ist wieviel KI bereits im Einsatz und welche Phasen haben in der Zukunft das größte Potenzial?   27

Abb. 2.3	Beispiel für eine Funktion, die für Excel erstellt wird. ChatGPT liefert zusätzlich eine Erklärung der einzelnen Funktionen	33
Abb. 2.4	Beispiele für fehlerhafte mathematische Antworten in ChatGPT 3.5. (Theo besitzt natürlich noch 3 der 5 Kurzohrrüsselspringer und 1243 × 4532 ergibt 5.633.276. Die Bezahlversion ChatGPT 4 sowie MS Copilot konnten beide Aufgaben bereits richtig lösen)	35
Abb. 2.5	Übersicht zur Funktionsweise von Retrieval Augmented Generation (RAG). Vorhandenes Wissen (z. B. Geschäftszahlen, Bedienungsanleitungen oder medizinische Daten) wird zunächst in kleinere Wissensabschnitte unterteilt. Diese werden über ein Embedding-Modell umgewandelt, d. h. dass Beziehungen zwischen den einzelnen Wissensabschnitten (in Form von Vektoren) hergestellt werden. Die resultierenden Embeddings können in einer Vektor-Datenbank gespeichert werden. Wenn ein User nun eine Frage stellt, wird diese ebenfalls im Embedding-Modell umgewandelt und kann nun verwendet werden, um die Vektor-Datenbank nach den ähnlichsten Embeddings zu durchsuchen. Die Top n ähnlichsten Ergebnisse werden verwendet, um die ursprünglichen Wissensabschnitte zu extrahieren und diese als Kontext zusammen mit der Frage an ein LLM zu übergeben. Das LLM verwendet dann den Kontext, um eine passende Antwort zu generieren. Bei RAG handelt es sich also um eine Art Prompt Engineering.	38
Abb. 2.6	Scribble eines Dashboards und das daraus KI-generierte Dashboard. (Der Prompt lautete „Analysiere das gegebene Scribble eines Dashboards und generiere einen passenden Code in R Shiny." Der generierte Code wurde ohne Anpassungen in R (manuell) ausgeführt und das Dashboard auf der rechten Seite damit generiert. Zeitaufwand: weniger als 4 min.)	42
Abb. 2.7	Vereinfachte Darstellung des AdTech-Programmatic-Advertising-Kosmos (teilweise basierend auf Dachwitz & Meineck, 2024)	45
Abb. 6.1	KI-Strategie-Framework. Es besteht aus 3 elementaren Layern, die von Ethik, Privacy und IT-Security in einer dritten Dimension durchschnitten werden	97

Abb. 6.2	Die KI-Strategie-KI-Kompetenz-Doppelhelix	103
Abb. 7.1	Fragebogen zur Erhebung der Unternehmensmaturität im Bereich KI anhand von 22 Fragen und je einer Skala von 1–10	115
Abb. 7.2	Netzdiagramm-Vorlage für das (Self-)Assessment der individuellen KI-Kompetenzen	121
Abb. 7.3	Self-Assessment eines typischen seniorigen Analysten. Er hatte sich in den vergangenen Jahren berufsbedingt mit dem Thema Datenschutz auseinandergesetzt und besitzt bereits Kenntnisse im Bereich KI	121
Abb. 7.4	Beispielhafte Visualisierung für die Gap-Analyse von Ist- und Soll-Zustand. (Der innere dunkelgraue Bereich beschreibt die aktuellen KI-Kompetenzen, der äußere, hellgraue Bereich die benötigten Kompetenzen für die Umsetzung bestimmter KI-Use Cases. Diese Gap-Analyse kann – entsprechend dem (Self-)Assessment – auf Personen- oder Abteilungsebene durchgeführt werden)	122
Abb. 7.5	KI-Kompetenz-Canvas	123
Abb. 7.6	Das Drei-Horizonte-Modell übertragen auf Kompetenzen im Bereich Daten & KI	130
Abb. 7.7	Schematische Darstellung der TrendEcholot-Methode. (Die dunklen Zahlen stellen ein in Schritt 1 eingebrachtes Thema dar. Die weißen Zahlen symbolisieren die in Schritt 2 erfolgte Rückkopplung aus der Runde zu diesem Thema. Die Platzierung der einzelnen Cluster in der relativen Nähe zum Boot ergibt sich aus der Priorisierung in Schritt 3. In diesem Beispiel gab es keine „Resonanz" auf die Themen 4, 5 und 7, weshalb diese heruntepriorisiert wurden)	131
Abb. 7.8	Der Artefakte-Mix in einer Organisation mit ausgeprägter Daten- und KI-Kultur	136

Tabellenverzeichnis

Tab. 7.1 (Self-)Assessment in 7 Kategorien anhand von aufsteigenden Kompetenzstufen (1–5) – Kategorien „Finden & Bewerten von Use Cases" und „Datenkompetenz"   117

Tab. 7.2 (Self-)Assessment in 7 Kategorien anhand von aufsteigenden Kompetenzstufen (1–5) – Kategorien „KI-Modelle entwickeln" und „KI nutzen & Ergebnisse bewerten"   118

Tab. 7.3 (Self-)Assessment in 7 Kategorien anhand von aufsteigenden Kompetenzstufen (1–5) – Kategorien „Kommunikation" und „Security & Privacy"   119

Tab. 7.4 (Self-)Assessment in 7 Kategorien anhand von aufsteigenden Kompetenzstufen (1–5) – Kategorie „Ethik"   120

1
Grundlagen und historische Einordnung

> **WAS SIE AUS DIESEM KAPITEL MITNEHMEN**
>
> - Wie sich die Teildisziplinen von Künstlicher Intelligenz und Data Science zueinander verhalten
> - Über welche Kategorie der Künstlichen Intelligenz die Welt gerade vor allem spricht und welche es noch gibt
> - Was Machine Learning und Deep Learning eigentlich sind und was das mit Neuronalen Netzen zu tun hat
> - Aus welchen Teil-Kompetenzen sich KI-Kompetenz im Idealfall zusammensetzt
> - Wie sich die genAI, also generative Künstliche Intelligenz, in verschiedenen Domänen (Sprache, Bild, Musik etc.) entwickelt
> - Was LLMs (Large Language Models wie z. B. GPT-4) eigentlich sind und wie ihr großer Durchbruch gelang

1.1 Begrifflichkeiten

Generative Artificial Intelligence (GenAI) – oder: „generative KI"[1] – erfährt gerade ein gigantisches Interesse. KI-Influencer füttern den Hype auf den verschiedenen Social-Media-Plattformen und berichten täglich über die neuesten Fähigkeiten der Anwendungen von ChatGPT bis Gemini. Medien spekulieren darüber, wie viele Jobs in Zukunft von KI ersetzt werden und ob Sam Altman bald den Schalter umlegt und OpenAIs Superintelligenz Q*[2] auf die Welt loslässt.

Das alles hilft wenig, um einen klaren Blick auf die verwendeten Begriffe und dahinterliegenden Technologien zu behalten. In den folgenden Abschnitten wollen wir daher die wichtigsten Begriffe im Zusammenhang mit Künstlicher Intelligenz – von Analytics und Data Science über Machine Learning und Deep Learning bis hin zur KI-Kompetenz – klar und unaufgeregt beschreiben, voneinander abgrenzen und Abhängigkeiten aufzeigen (Abb. 1.1).

1.1.1 Artificial Intelligence, Machine Learning, Deep Learning

Artificial Intelligence ist eigentlich ein recht alter Begriff, der erstmals von John McCarthy im Rahmen einer Konferenz, die im Sommer 1956 am Dartmouth College in Hanover, New Hampshire, stattfand, verwendet wurde (McCarthy et al., 1955). Eine detaillierte Erklärung, was Künstliche Intelligenz alles umfasst, führt hier zu weit. Kurz gesagt: Der Begriff bezieht sich auf die ursprüngliche Theorie und Entwicklung von Computersystemen, die in der Lage sind, Aufgaben zu bewältigen, die normalerweise

---

[1] Wir verwenden in diesem Buch meistens die deutsche Abkürzung „KI", aber auch die englische Form „AI", da beides im deutschen Sprachgebrauch verwendet wird. Im Politik- und Bildungskontext spricht man bspw. eher von „KI-Kompetenz", im Technologiesektor, der Wirtschaft sowie auf LinkedIn scheint sich allerdings „AI Literacy" durchzusetzen.

[2] Gerüchte besagen, dass OpenAI unter dem Namen Q* (gesprochen Q-Star) an einer Superintelligenz arbeitet. Einerseits wird dies nicht von OpenAI kommentiert, andererseits gibt es doch immer wieder vage Andeutungen, z. B. von CEO Sam Altman oder Mitarbeitenden (Heikkilä, 2023).

1 Grundlagen und historische Einordnung

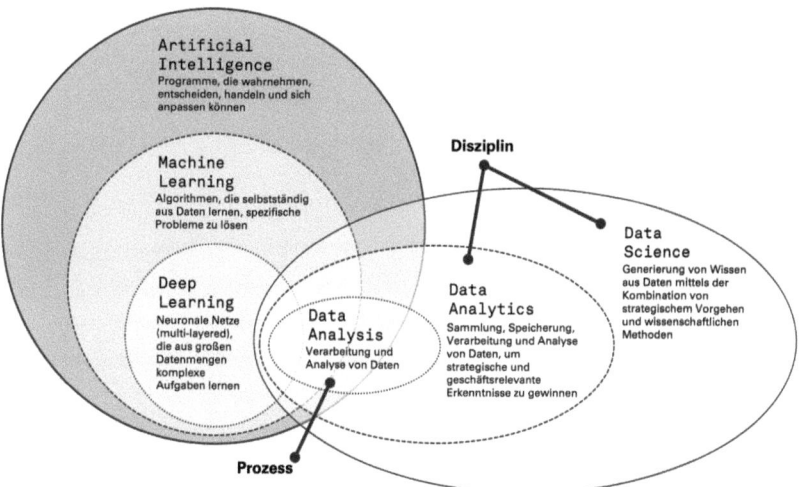

Abb. 1.1 Schnittmengen (der Teildisziplinen) von AI und Data Science

menschliche Intelligenz erfordern. Dazu gehören unter anderem visuelle Wahrnehmung, Spracherkennung oder Entscheidungsfindung.

Ein Problem besteht nun allerdings darin, dass es verschiedene Auffassungen davon gibt, was „Intelligenz" bedeutet und wie man sie bewerten kann. Der 1950 von Alan Turing entwickelte Turing Test (Turing, 1950) galt lange als Maßstab, um zu entscheiden, ob ein Computer über menschenähnliche Intelligenz verfügt oder nicht. Hierbei sollte ein Mensch lediglich über eine Tastatur mit einem Menschen und parallel mit einem Computer kommunizieren. Sollte der Computer nicht vom Menschen differenzierbar sein, galt der Test als bestanden. Spätestens seit ChatGPT sehen wir aber, dass es uns immer schwerer fällt, die Maschine zu identifizieren. Diese Überlegungen werfen tiefgreifende Fragen darüber auf, was den Kern des Mensch-Seins ausmacht.

Schon heute übersteigen Modelle mit Billionen Parametern unsere Vorstellungskraft. Allerdings sollten wir nicht vergessen, dass es bereits in den 1960er Jahren das Programm ELIZA gab, das den Turing Test – in eingeschränkter Form – bestehen konnte, indem es bestimmte Schlüsselwörter und Phrasen in den Nutzer:inneneingaben erkannte und die Nutzer:innen mit einer Liste von vordefinierten Antworten und offenen Fragen erfolgreich täuschen konnte (Abb. 1.2).

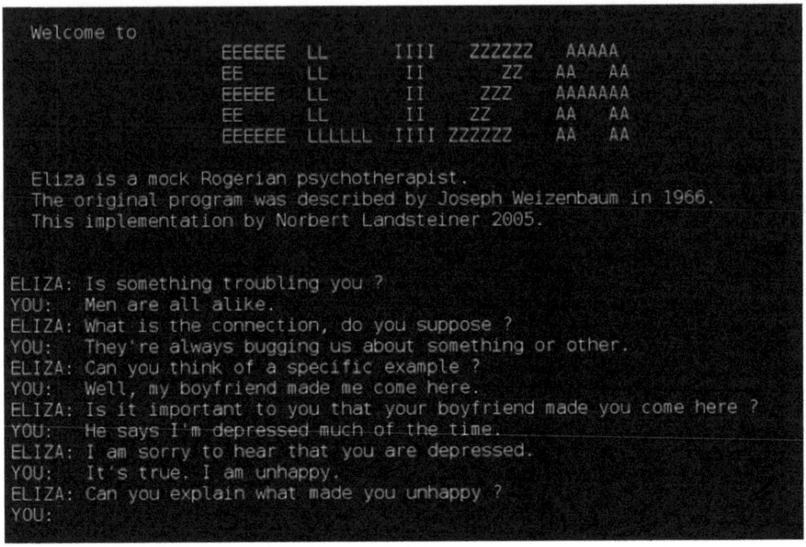

```
Welcome to
              EEEEEE  LL         IIII  ZZZZZZ   AAAAA
              EE      LL          II       ZZ  AA   AA
              EEEEE   LL          II      ZZZ  AAAAAAA
              EE      LL          II     ZZ    AA   AA
              EEEEEE  LLLLLL    IIII  ZZZZZZ   AA   AA

Eliza is a mock Rogerian psychotherapist.
The original program was described by Joseph Weizenbaum in 1966.
This implementation by Norbert Landsteiner 2005.

ELIZA:  Is something troubling you ?
YOU:    Men are all alike.
ELIZA:  What is the connection, do you suppose ?
YOU:    They're always bugging us about something or other.
ELIZA:  Can you think of a specific example ?
YOU:    Well, my boyfriend made me come here.
ELIZA:  Is it important to you that your boyfriend made you come here ?
YOU:    He says I'm depressed much of the time.
ELIZA:  I am sorry to hear that you are depressed.
YOU:    It's true. I am unhappy.
ELIZA:  Can you explain what made you unhappy ?
YOU:
```

Abb. 1.2 Screenshot der frühen KI „ELIZA" (Marcus & Luccioni, 2023)

Grundlegend geht es in der aktuellen Diskussion um drei Ebenen der Künstlichen Intelligenz:

- Artificial Narrow Intelligence (ANI) = schwache Künstliche Intelligenz
- Artificial General Intelligence (AGI) = starke Künstliche Intelligenz
- Artificial Super Intelligence (ASI) = künstliche Superintelligenz

Auf der ersten Ebene (ANI) kann eine Maschine bestimmte Aufgaben, auf die sie trainiert wurde, sehr gut ausführen, z. B. Schach spielen oder – im Falle von ChatGPT – das nächste erstaunlich klug klingende Wort vorhersagen. Modelle, die für diese bestimmten Aufgaben trainiert wurden, übertreffen den Menschen bereits in Geschwindigkeit und Genauigkeit. Allerdings haben diese Modelle das Problem, dass sie nicht auf andere Probleme angewandt werden können. So kann ein Schach-Modell nicht für die Planung des Lagerbestandes eines Supermarktes verwendet werden oder Straßenschilder auf Fotos erkennen.

Eine starke Intelligenz (AGI) soll in der Lage sein, diese Grenzen zu überwinden. Gerade wird eifrig darüber diskutiert, wann wir dieses Level erreicht haben werden und welche Bewertungskriterien dafür gelten sollen. Hierbei hört man immer wieder von der „Skalierung der Modelle". Gleichzeitig geht die Fachwelt davon aus, dass die bloße Skalierung nicht ausreichen wird und schon in naher Zukunft ein Plateau erreicht sein könnte, bei dem es nur geringere Steigerungen in den Fähigkeiten der Modelle geben wird.

Neben der bloßen Skalierung werden dabei auch andere Ansätze verfolgt:

- **Symbolic AI:** Eine Kombination von verschiedenen AI-Modellen, bei denen die Stärke von Deep Learning mit formalisierten Regeln und Logik verbunden wird, um nicht nur große Mengen von Daten zu verstehen, sondern auch abstrakte Konzepte zu erfassen und logische Folgerungen zu treffen.
- **Multi-Modal AI:** Bereits heute können ChatGPT oder auch Gemini mit verschiedenen Modellen nicht nur Text, sondern auch Bewegtbilder und Audio verarbeiten. Hierdurch können Modelle über verschiedene Aufgabenstellungen hinweg eingesetzt werden. Hinzukommen können noch unterschiedliche Sensoren, über die ein Modell mit seiner Umgebung interagiert und hierdurch fortlaufend lernt.
- **Meta-Learning:** AGI könnte auch aus Systemen entstehen, die lernen, wie man lernt und sich fortlaufend weiterentwickeln und versuchen, sich zu verbessern.

Dies ist nur eine Auswahl der Forschungsrichtungen, die es auch bereits vor und parallel zu den großen Sprachmodellen gegeben hat. Was jedoch nicht nur der „General Intelligence" (AGI), sondern auch dem generellen Einsatz der großen Sprachmodelle entgegensteht, sind beispielsweise folgende Probleme:

- **Bias:** Wie können wir verhindern, dass Modelle aufgrund von falschen oder verzerrten Trainingsdaten irreführende oder sogar diskriminierende Entscheidungen treffen?
- **Alignment:** Wie können wir sicherstellen, dass Ziel, Entscheidungen und Verhaltensweise der Modelle mit der Intention der Menschen, die sie nutzen, abgestimmt und vereinbar sind? Menschliche Werte und Entscheidungen sind oft komplex und divers und hängen stark vom Kontext ab. Für ein Modell ist es aktuell nicht möglich, alle diese Dimensionen zu erfassen.
- **Halluzinieren:** Wie können wir einer KI ein Verständnis von Wahrheit vermitteln und sie am Halluzinieren[3] hindern?
- **Legal:** Wie können wir gesetzliche Regelungen implementieren und den Schutz der Intellectual Property gewährleisten?

Machine Learning (ML, Maschinelles Lernen) ist eine zentrale Teildisziplin von AI und beinhaltet eine Vielzahl von Algorithmen, die aus gegebenen Daten Modelle lernen, die spezifische Aufgaben lösen können. Dieser Ansatz unterscheidet sich grundlegend von herkömmlicher Programmierung, da die Maschine nicht mit einer festen Anweisung arbeitet, sondern autonom aus Beispielen lernt. Es gibt drei grundlegende Arten von Machine Learning:

- Beim **Supervised Learning,** dem überwachten Lernen, werden Modelle mit sog. „gelabelten Daten" trainiert. Dieser Prozess dient dazu, Muster und Beziehungen in den Daten zu identifizieren, um Vorhersagen über unbekannte Daten treffen zu können. Der Begriff „gelabelt" bezieht sich dabei auf einen Datensatz, in dem jeder einzelnen Beobachtung oder jedem Datenpunkt ein spezifischer Zielwert zugeordnet ist. Diese Zielwerte fungieren als „Etiketten", die dem Modell während des Trainingsprozesses als Orientierung dienen, welches Konzept erlernt werden soll. Möchte man bspw. ein Modell trainieren, das Tierfotos nach Hunden und Katzen sortieren kann, wird ein

---

[3] Halluzinieren wurde nicht zufällig vom renommierten Cambridge Dictionary zum Wort des Jahres 2023 gewählt (Creamer, 2023).

Datensatz mit vielen Beispielen benötigt, die mittels Label als Katzen- oder Hundefoto eingeordnet werden (Klassifikation). Aus diesen Beispielen lernt ein Modell dann Muster und Merkmale für die eine oder andere Kategorie zu erkennen und kann diese auf neue (noch nicht gesehene) Beispiele anwenden.

- **Unsupervised Learning** zielt darauf ab, verborgene Strukturen in ungelabelten Daten aufzudecken. Eine Anwendung ist z. B. Clustering, bei dem versucht wird, einen gegebenen Datensatz in verschiedene Sub-Datensätze zu gruppieren. Wichtige Faktoren sind dabei die Anzahl der Sub-Datensätze und wie die Ähnlichkeiten zwischen Datenpunkten quantifiziert werden sollen. Ein Beispiel für Clustering wäre es, Kund:innen nach ihrem Kaufverhalten einzuteilen. Für eine Warenkorbanalyse können daneben auch Assoziationsregeln verwendet werden, bei denen abgeleitet wird, welche Produkte auffallend häufig miteinander gekauft werden. Unsupervised bedeutet also, dass es für die gegebenen Datensätze keine vorgegebene Zielgröße/Kategorie/Antwort geben muss und Muster und Gruppen selbständig abgeleitet werden.
- **Reinforcement Learning** (RL) bezeichnet eine Lernmethode, bei der ein Agent (Algorithmus) in einer bestimmten, meist virtuellen Umgebung ein Ziel erreichen soll. Der Agent interagiert mit der Umgebung durch vordefinierte Aktionen und lernt anhand der Resultate, ob die getroffenen Entscheidungen positiv oder negativ waren. Bei erfolgreichen Interaktionen erhält der Agent Belohnungen, was eine schrittweise Verbesserung des Modells ermöglicht. Ein Beispiel ist das Erlernen von Computerspielen wie dem Atari-Spiel „Snake", bei dem der Agent durch Trial and Error lernt, die Schlange zu steuern, um Pixel einzusammeln. Die Belohnung wäre hier, dass die Schlange länger wird. In der Praxis kann Reinforcement Learning auch die Interaktion mit Menschen umfassen, wobei menschliches Feedback dem Modell hilft, seine Aufgabe besser zu bewältigen. Large Language Models (LLMs), auf denen u. a. ChatGPT basiert, nutzen diese Technik für das „Finetuning", also den Feinschliff des Modells, um ihm bestimmte Regeln und gewünschte Verhaltensweisen beizubringen. Im Detail gehen wir hierauf noch in den folgenden Abschnitten ein.

Die Anwendungsbereiche von Machine Learning reichen von der Bild- und Spracherkennung über personalisierte Empfehlungen, Fraud Detection, Übersetzungen und Textklassifizierung bis hin zu Budgetoptimierung und Trendvorhersagen. Durch zunehmend verfügbare Trainingsdatensätze und verbesserte Rechenressourcen wurden mehr und mehr ML-Lösungen adaptiert. ML-Anwendungen sind inzwischen fester Bestandteil von vielen digitalen Produkten.

Deep Learning ist eine Teilgruppe des Machine Learnings und basiert auf dem Konzept Neuronaler Netzwerke, die – verkürzt gesagt – dem menschlichen Gehirn nachempfunden sind. Sogenannte Künstliche Neuronale Netzwerke (KNN – nicht zu verwechseln mit dem beliebten kNN, dem k-nearest-neighbour-Clustering-Algorithmus) bestehen aus mehreren Neuronen, die jeweils Informationen (Input) aufnehmen, verarbeiten und einen entsprechenden Output an das nächste Neuron weiterleiten. Hinter den Neuronen liegt eine mathematische Funktion, die berechnet, in welcher Form der Output weitergegeben wird. Für jede Verbindung zwischen zwei Neuronen gibt es eine Gewichtung. Diese Gewichtung bestimmt die Stärke des weitergeleiteten Signals und der Verbindung der beiden Neuronen. Durch die Anpassung dieser Gewichtung lernt das Neuronale Netz.

Ein Neuronales Netz besteht aus:

- einem Input Layer (Input-Schicht) mit mehreren Neuronen, die Informationen aufnehmen
- mindestens einem Hidden Layer, in dem der Input weiterverarbeitet wird
- einem Output Layer, der letztendlich das Ergebnis ausgibt

Im Fall der angesprochenen Hund-Katze-Bildklassifizierung würde der Input Layer ein Foto bekommen (entsprechend vorverarbeitet für das Modell) und der Output Layer ausgeben, mit welcher Wahrscheinlichkeit es sich um einen Hund oder eine Katze handelt.

„Deep" werden die Netzwerke, sobald man mehr als einen Hidden Layer verwendet. Durch die Nutzung mehrschichtiger Strukturen können Deep-Learning-Modelle sehr komplexe Muster identifizieren und immer weiter lernen. Dies führt zu einer kontinuierlichen Verbesserung ihrer Leistungsfähigkeit und ermöglicht es ihnen, Aufgaben wie das Erkennen von Objekten in Bildern oder das Verstehen natürlicher Sprache mit beeindruckender Genauigkeit auszuführen.

Ein Merkmal von Deep Learning ist die Fähigkeit, mit großen Datenmengen umzugehen und aus diesen eigenständig (unsupervised) relevante Merkmale zu extrahieren, ohne dass diese explizit durch menschliches Eingreifen vorgegeben werden müssen. Diese Eigenschaft macht Deep Learning besonders effektiv für Aufgaben wie Bild- und Spracherkennung, bei denen herkömmliche Algorithmen an ihre Grenzen stoßen. Die meisten generativen AI-Modelle basieren auf diesem Ansatz (Abb. 1.3).

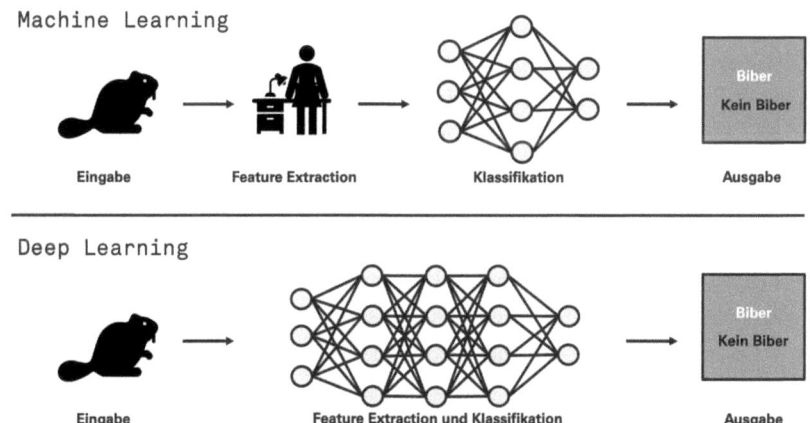

Abb. 1.3 Machine Learning vs. Deep Learning

1.1.2 Data Science, Data Analytics (und Web Analytics), Data Analysis

Data Science ist ein interdisziplinärer Fachbereich, der sich mit der Gewinnung von Wissen und Erkenntnissen aus strukturierten und unstrukturierten Daten befasst. Data Science umfasst eine breite Palette von Techniken und Methoden aus den Bereichen Mathematik, Statistik, Maschinellem Lernen und Informatik und verknüpft diese mit branchenspezifischem Fachwissen. Data Science beinhaltet aber nicht nur die Analyse von Daten, sondern auch die Entwicklung von übergeordneten (Daten-) Strategien sowie die Ableitung von konkreten Entscheidungen aus gewonnenen Erkenntnissen. Ein Data Scientist muss somit neben Grundkenntnissen in der Programmierung (beliebteste Sprachen sind hier SQL, Python und R), im Machine Learning und in Statistik vor allem die Fähigkeit besitzen, relevante Fragestellungen zu erarbeiten sowie Konzepte, wie man diese Fragestellungen mit Daten wissenschaftlich beantworten und an verschiedene Stakeholder kommunizieren kann.

Data Analytics ist ein Teilbereich von Data Science. Während sich Data Analytics in erster Linie auf die Verarbeitung und Analyse vorhandener Datensätze konzentriert, um Fragen zu beantworten, was geschehen ist oder wie etwas in Echtzeit geschieht, geht Data Science darüber hinaus, indem fortgeschrittenere Techniken wie Maschinelles Lernen und prädiktive Modellierung angewandt werden. Data Science baut demnach auf den durch Data Analytics gewonnenen Erkenntnissen auf, um vorherzusagen, was geschehen wird und in welcher Form zukünftige Ereignisse beeinflusst oder komplexe Prozesse automatisiert werden können.

Web Analytics ist eine Unterdisziplin von (Data) Analytics, mit Fokus auf der Messung, Analyse und Interpretation des Nutzer:innenverhaltens auf Websites. Das Hauptziel dieser Disziplin ist es, ein tiefes Verständnis für die Nutzung einer Website zu entwickeln, um konkrete Optimierungsmaßnahmen ableiten zu können. Eine Optimierung kann beispielsweise die Interaktionsrate (z. B. Kaufabschlüsse), die Benutzer:innenfreundlichkeit (Usability) oder das

Nutzer:innenerlebnis (Experience) betreffen. Fragestellungen, die hier häufig aufkommen, sind:

- Woher kommen unsere Nutzer:innen?
- Welche Inhalte wurden wie, wie häufig und wie intensiv genutzt?
- Warum und wo wurde die Website ohne einen Kaufabschluss verlassen?

Um diese und andere Fragen beantworten zu können, müssen entsprechende Daten erhoben (getrackt) und ausgewertet werden. Die Datensammlung erfolgt häufig über den Einsatz von Tracking-Pixeln auf verschiedenen Seiten einer Website, in E-Mails oder Online-Werbung. Ein Tracking-Pixel ist für die Nutzer:innen nicht sichtbar und beinhaltet meist Code (z. B. JavaScript), der spezifische Verhaltensdaten und Informationen über Nutzer:innen sammelt und für die weitere Analyse an einen Server übermittelt. Tools wie Google Analytics oder Adobe Analytics stellen eigene, anpassbare Tracking-Pixel zur Verfügung sowie eine Plattform mit Interface, über die die gesammelten Daten ausgewertet werden können.

Data Analysis, als dritter Begriff in dieser Reihe, kann als Kernaktivität von Data Analytics und auch Data Science betrachtet werden. Data Analysis beinhaltet die Sichtung, Bereinigung, Transformation und Modellierung von Daten mit dem Ziel, nützliche Informationen zu gewinnen, die bei der Entscheidungsfindung helfen. Es geht hier also vor allem um die Verarbeitung und Analyse der Daten (den Prozess) und weniger um das strategische Gesamtkonzept.

1.2 AI Literacy/KI-Kompetenz

Immer häufiger begegnen wir auf LinkedIn oder in Fachdiskussionen dem Begriff „AI Literacy". Hinter diesem Buzzword verbirgt sich eine entscheidende Kernkompetenz, die in Zukunft nicht nur unsere beruflichen Perspektiven, sondern auch unsere gesellschaftliche Teilhabe maßgeblich beeinflussen wird. Im Deutschen wird „Literacy" als Alphabetisierung verstanden – die umfassende Fähigkeit, geschriebene Inhalte zu generieren, zu konsumieren, zu interpretieren und relevantes Wissen zu kommunizieren.

In diesem Buch verwenden wir hauptsächlich den Begriff „KI-Kompetenz" als deutsche Entsprechung von „AI Literacy", beide sind aber als synonym anzusehen. KI-Kompetenz bezieht sich auf die Fähigkeit, Künstliche Intelligenz zu verstehen, einschließlich ihrer Funktionsweise, Anwendungspotenziale, Risiken und Chancen. Sie geht weit über die Datenanalyse hinaus und bezieht sich darauf, wie Maschinen lernen, Entscheidungen treffen und komplexe Aufgaben ausführen können. Sie schließt ein Verständnis für Maschinelles Lernen, Neuronale Netze, Algorithmen für Vorhersagen und Entscheidungsfindung sowie die praktische Anwendung von KI in verschiedenen Branchen ein, ebenso wie ethische Fragestellungen und Folgenabschätzungen, die im Zusammenhang mit KI auftauchen können.

KI-Kompetenz ist dabei als interdisziplinäres Feld zu sehen, das sich aus verschiedenen Kompetenzen zusammensetzt:

- **Data Literacy/Datenkompetenz** bildet die Basis für KI-Kompetenz, da es für das Verständnis und die Bewertung von KI-Anwendungen entscheidend ist, wie Daten gesammelt, verarbeitet und interpretiert werden können. Dazu gehören das Verständnis von Datenquellen, -formaten und -strukturen sowie das Vermögen, Daten zu analysieren, zu interpretieren und in geschäftlichen Kontexten sinnvoll zu nutzen. Grundlegende Fähigkeiten wie das Lesen von Diagrammen, die Interpretation von Tabellen und das Verständnis von Grundkonzepten der Statistik sind dabei essenziell. Während Unternehmen noch immer damit beschäftigt sind, die Data Literacy in Ihrer Belegschaft aufzubauen, haben uns die Entwicklungen im Bereich der KI überholt. Nun wird ebenfalls dringend eine AI Literacy benötigt.
- **Digital Literacy/Digitalkompetenz** umfasst das Verständnis grundlegender digitaler Konzepte, wie Computer und Interfaces, Internet, digitale Sicherheit und die Fähigkeit, digitale Prozesse effektiv zu gestalten und zu nutzen. Sie bildet die Grundlage für das Verständnis digitaler Werkzeuge und Technologien, die KI antreiben. Digital kompetente Nutzer:innen können besser nachvollziehen, wie Daten verarbeitet und von KI-Systemen genutzt werden.

- **Science Fiction Literacy/Science-Fiction-Kenntnisse** helfen, ein tieferes Verständnis für die ethischen, sozialen und technologischen Herausforderungen von KI zu entwickeln. Beispielsweise regt Isaac Asimovs „I, Robot" dazu an, über die moralischen Implikationen autonomer Systeme nachzudenken, während Philip K. Dicks „Do Androids Dream of Electric Sheep?" Fragen zur Identität und Empathie in einer von KI geprägten Welt aufwirft. Stanley Kubricks „2001: A Space Odyssey" eröffnet zusätzliche Perspektiven, indem der Film den Aufstieg von KI und deren Interaktion mit menschlicher Intelligenz auf eine bedrohliche Ebene hebt.
- **UX und Tool Literacy** sind entscheidende Komponenten beim Ausbau von KI-Kompetenz, da sie das Verständnis für die Benutzer:innenerfahrung und den Umgang mit den KI-Werkzeugen unterstützen. Entwickler:innen mit ausgeprägter UX Literacy können intuitivere und effizientere Bedienoberflächen für KI-Anwendungen gestalten, weil sie verstehen, wie Benutzer:innen mit diesen interagieren. Mitarbeitende, die wissen, wie Tools, Menüs und Schaltflächen aufgebaut sind und normalerweise funktionieren, können sie auch für eigene Zwecke leichter nutzen.
- **Ethics Literacy/Ethik-Kompetenz** trägt dazu bei, die potenziellen Auswirkungen von KI-Anwendungen auf individueller und gesellschaftlicher Ebene besser einzuschätzen. Sie ermöglicht es, ethische Richtlinien in Bezug auf Datenschutz, Fairness und Transparenz zu verstehen, anzuwenden oder sogar zu erstellen. Durch Ethics Literacy wird eine verantwortungsbewusste Anwendung von KI im Unternehmen gefördert und mögliche negative Konsequenzen reduziert.
- **Media Literacy/Medienkompetenz** hilft, Informationen kritisch zu bewerten und zu interpretieren. Nutzer:innen mit ausgeprägter Medienkompetenz können die Glaubwürdigkeit von KI-generierten Inhalten besser einschätzen und Fehlinformationen erkennen. Zum Beispiel befähigt Media Literacy dazu, Quellen von Daten und Informationen zu überprüfen oder die Inhalte einzuordnen. So wird eine informierte und kritische Auseinandersetzung mit KI ermöglicht, einschließlich notwendiger Verifikations- oder Falsifikationsmethoden, z. B. für die Erkennung von Deep Fakes.

All die hier exemplarisch genannten Kompetenzen haben größere oder kleinere Schnittmengen und werden je nach individueller Auseinandersetzung mit KI auch in unterschiedlicher Ausprägung benötigt. KI wird in Zukunft jedoch nahezu alle Lebensbereiche durchdringen, weshalb sowohl tiefgreifendes Spezialwissen als auch übergreifende Schnittstellenkompetenzen gleichermaßen gebraucht werden.

1.3 Eine kurze Geschichte der GenAI

> Im Datenmeer gebor'n,
> Künstlich geistvoll, endlos träumt,
> AI schafft, verändert.
> *Haiku von ChatGPT – 2024*

Text
ChatGPT ist die am schnellsten gewachsene Plattform aller Zeiten[4] und erreichte in nur zwei Monaten 100 Mio. Nutzer:innen, während Facebook (Meta) hierfür noch mehrere Jahre brauchte. Ebenfalls scheiterte Meta nur wenige Wochen vor OpenAI mit seiner Plattform Galactica (Heaven, 2022), die ebenfalls KI einsetzte, um Publikationen besser zu organisieren (z. B. durch Suche, Zusammenfassung, Code-Generierung). Nach starker Kritik wurde Galactica nach nur drei Tagen wieder abgeschaltet. Der Vorwurf: Sie würde zu stark halluzinieren und Pseudowissenschaft befördern.

Auch OpenAIs ChatGPT wurde wegen ähnlicher Punkte stark kritisiert, z. B. dem Generieren von Falschaussagen, der Missbrauchsgefahr der Technologie (Fraud, Fishing und Falschnachrichten) und der Gefahr, dass potenziell persönliche oder rechtlich geschützte Informationen aus den verwendeten Modellen abgefragt werden könnten. Die Stimmen wurden jedoch zügig leiser, u. a. durch die fortlaufende Entwicklung der

---

[4] Mit Ausnahme von Metas neuer Microblogging-Plattform namens „Threads" (Statista, 2023), die jedoch aufgrund der riesigen Nutzer:innenzahl der App Instagram, auf der Threads aufbaut, andere Startvoraussetzungen hatte.

Plattform und der Modelle sowie durch die „All-In Strategie" von Microsoft, die darin bestand, sich bei OpenAI einzukaufen und eigene Produkte von Azure bis Office365 auf AI umzukrempeln. Andere Tech-Giganten wie Google, AWS oder Meta schienen überrumpelt und hatten bei der vorgelegten Geschwindigkeit erstaunliche Mühen, nachzuziehen. Meta schwenkte nach seinem initial geleakten Sprachmodell (Llama) auf Open-Source um und veröffentlichte bereits im Sommer 2023 eine wesentlich umfangreichere Version (diesmal freiwillig). Die offenen Modelle von Meta, aber auch die anderer Organisationen, wie des französischen Start-ups Mistral, beflügelten eine Vielzahl neuer Ansätze und werden auch in Zukunft als offene Alternativen zu den geschlossenen Modellen von OpenAI, Google und Microsoft dienen.

Google startete mit seinem Chatbot Bard relativ holprig und erst das Ende 2023 veröffentlichte Modell Gemini schien mit GPT4 (dem Modell, auf dem die damalige Bezahlversion von ChatGPT basierte) aufzuschließen. Ironisch daran ist, dass viele Fähigkeiten der Sprachmodelle, die uns noch immer staunen lassen, auf den Aufsatz „Attention is all you need" (Vaswani et al., 2017) von Google-Mitarbeitenden aus dem Jahr 2017 zurückgehen. Was genau hinter dieser magischen Veröffentlichung und unter der Haube der Large Language Models steckt, zeigen wir in Abschn. 1.4.

Bild
Noch vor den Sprachmodellen hatten ab Mitte 2022 die neuen Bildgenerierungsmodelle – zunächst Stable Diffusion, dann Dall-e (OpenAI) und schließlich Midjourney – für viel begeisterten Wirbel gesorgt. Mittels einfacher bis sehr komplexer Prompts (= Anfragen oder Anweisungen an ein Modell in natürlicher Sprache, z. B. „Zeige mir den Papst mit stylischem weißen Designer-Daunenmantel.") ließen sich plötzlich in Sekunden realistische oder besonders kunstvolle Bilder generieren. Hatten die Modelle anfangs noch mit bestimmten Aspekten, wie z. B. der richtigen Fingeranzahl, zu kämpfen, ist es bereits heute nicht immer möglich, ein generiertes Bild von einem echten Foto zu unterscheiden. Voraussetzung ist ein entsprechend guter Prompt. Die Fortschritte sind so beachtlich, dass bereits Modelle entstehen, die die Echtzeitgenerierung von Bildern ermöglichen – noch während der Eingabe des Prompts – und sich zunehmend auf den Bewegtbildbereich konzentrie-

ren, wie beispielsweise bereits an Googles Video-Generierungs-AI „VideoPoet" (Google, 2023), Runway AI oder OpenAIs „Sora" zu sehen ist.

Auch die Generierung von Text auf Basis von Bildern/Bewegtbild funktioniert: So lassen sich z. B. nicht nur statische Aufnahmen von Produkten in einem Warenregal als Liste ausgeben, sondern auch in Echtzeit Inhalte analysieren – von fortschrittlichen Überwachungssystemen bis hin zu automatisierten (Bewegt-)Bildbeschreibungen für sehbehinderte Menschen.

Audio
Auch die Entwicklung in der Audiogenerierung und -bearbeitung schreitet voran. Modelle wie OpenAIs „Jukebox" und Googles „AudioLM" demonstrieren die Fähigkeit von KI, nicht nur Musikstücke zu erzeugen, sondern auch Sprach- und Soundeffekte mit erstaunlicher Genauigkeit zu imitieren. Diese Fortschritte ermöglichen automatisierte Podcast-Produktion, personalisierte Musikkomposition, proaktive virtuelle Assistenten oder die Automatisierung kompletter Unternehmensbereiche wie Kund:innensupport oder Echtzeitübersetzung. Erste Startups (z. B. HeyGen) sowie die großen Tech-Giganten stellen Plattformen bereit, die Videos innerhalb weniger Minuten in verschiedene Sprachen synchronisieren können. Das Besondere dabei ist, dass die Stimmen der Sprecher:innen beibehalten werden und man eine Person eine Vielzahl von Sprachen sprechen lassen kann – inkl. korrekter Lippenbewegung.

Die Größe der Modelle ist bei all diesen Fortschritten fortlaufend gewachsen und immer mehr Daten werden integriert. Die Zukunft liegt in der Kombination von Modellen bzw. in der Entwicklung übergreifender Modelle, die sowohl Bild, Audio als auch Text als Ein- und Ausgabe in unterschiedlicher Kombination (z. B. Bild→Text, Text→Audio) verwenden können. Daher sollten wir eigentlich bereits über Large Multimodal Models (LMMs) sprechen anstatt nur von LLMs.

1.4 Alles, was man über LLMs wissen sollte, sich aber nie getraut hat zu fragen

Was sind Sprachmodelle grundsätzlich?
Um zu verstehen, warum die heutigen Modelle gigantische Rechen- und Wasserressourcen verbrauchen, warum und wie genau unvorstellbare Datenmengen für das Training verwendet werden und wie es gelingt, Texte zu generieren, die so sehr nach natürlicher Sprache klingen, muss man wissen, wie die großen Sprachmodelle, die sog. Large Language Models (LLMs), grundlegend funktionieren.
   Bei ELIZA (1966) (vgl. Abschn. 1.1.1) hatte man ein Set an Regeln, die deterministisch bestimmten, welche Frage als nächstes gestellt wurde. Solche regelbasierten Systeme gab es auch noch lange Zeit in Form teilweise sehr komplexer Chatbots. Apples Siri (2011) verknüpfte diese Regeln mit gesprochener Sprache sowie neuen Fähigkeiten (Spracherkennung) und auch der Google Assistant (2016) verfügte bereits über die Fähigkeit, einen Witz zu erzählen. Die Einsatzbereiche und die Kommunikation mit diesen Systemen waren durch das begrenzte Verstehen der Nutzer:inneneingaben sowie den regelbasierten, einfachen Antworten aber stark limitiert.

Was machen LLMs nun anders?
LLMs können sehr überzeugend das nächste passende Wort vorhersagen – basierend auf den Worten, die man ihnen als Kontext gibt. Wort für Wort hangelt sich das LLM dann durch seine Antwort. Einfachere Machine-Learning-Modelle nutzen für die Vorhersage einfach nur das letzte Wort oder eventuell die Worte davor. Betrachtet man das Beispiel: „eins, zwei, drei, …", dann folgt relativ sicher „vier" auf „drei". Sollte der Kontext aber „null, eins, eins, zwei, drei, …" sein, handelt es sich um die Fibonacci-Folge und das nächste Wort sollte „fünf" sein. LLMs sind in der Lage, das nächste Wort für einen viel größeren Kontext (auch Kontext-Fenster oder -Window) vorherzusagen und damit Text zu generieren, der zumindest auf den ersten Blick überzeugend klingt.

> **Attention is All You Need (Vaswani et al., 2017)**
>
> Forscher bei Google haben im Jahr 2017 in einem Aufsatz namens „Attention Is All You Need" die Grundlage für die Transformer-Modellarchitektur beschrieben, die in modernen Sprachmodellen wie ChatGPT verwendet wird. Die Idee hinter dieser Architektur ist, dass Computer Texte besser verstehen und generieren können, indem sie Aufmerksamkeit auf die wichtigen Teile richten.
>
> Die Transformer-Architektur besteht aus vielen Schichten. In den tieferen Schichten werden abstraktere Ideen verarbeitet, während die oberen Schichten sich auf konkretere Details konzentrieren. Der Schlüsselaspekt dieser Architektur ist der sogenannte „Attention-Mechanismus", der es dem Computer ermöglicht, beim Schreiben eines Textes zu entscheiden, welche Teile des vorherigen Textes besonders wichtig sind. Um den Satz „Wir nutzen ein Dashboard, weil es uns hilft, datengetriebene Entscheidungen zu fällen." zu schreiben, muss die KI z. B. beim Wort „es" wissen, dass es sich auf „Dashboard" bezieht. „Dashboard" ist beim Generieren von „es" also wichtiger als die anderen Worte. Durch immer leistungsfähigere Grafikprozessoren (GPUs) kann die Aufmerksamkeitsberechnung mittlerweile für viele Wörter gleichzeitig erfolgen.

Was bedeutet „Halluzinieren"?

Auch die heutigen Modelle besitzen (bisher) keinerlei Repräsentation der Welt oder die Fähigkeit, logische Schlussfolgerungen zu ziehen. So genügt es, mit nur einem Wort falsch abzubiegen und hierdurch komplett neue und ggf. falsche Aussagen zu generieren – inkl. dem Erfinden von vertrauenswürdig klingenden Quellen und Publikationen. Diesen Prozess bezeichnet man als „Halluzinieren", wobei genau das, streng genommen, exakt die Aufgabe von LLMs ist: sich von einer Wahrscheinlichkeit zur nächsten zu hangeln, basierend auf dem Kontext (Prompt), den ein:e Nutzer:in dem Modell gibt. Wie es zum Halluzinieren kommen kann, wird verständlich, wenn wir uns ansehen, wie das Training von LLMs funktioniert.

Wie werden LLMs eigentlich trainiert?

Das Internet ist voll von öffentlich zugänglichen Texten, Übersetzungen, Analysen und besonders Meinungen. Unter gigantischem Rechen- aber auch manuellem Aufwand werden diese Texte gesammelt, bereinigt und prozessiert. Die Bereinigung der Daten wird dabei immer wichti-

1 Grundlagen und historische Einordnung

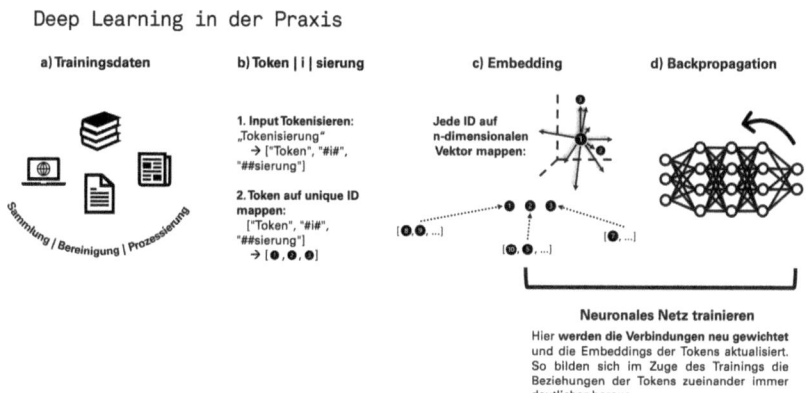

Abb. 1.4 Übersicht über den Trainingsprozess eines LLMs **a)** Sammlung einer gigantischen Anzahl an Texten. **b)** Tokenisierung: Umwandlung der Texte in Trillionen Token durch Zerlegung in einzelne Wörter/Wortbestandteile und Zuordnung jeweils einer Zahl. **c)** Embedding: Mit jedem Token wird dann ein vieldimensionaler Vektor verknüpft (= „Einbettung" in den Kontext aller anderen Tokens). **d)** Anpassung der Gewichtungen des Neuronalen Netzes, z. B. durch Backpropagation (nach Seemann 2023, S. 17; Metzger 2022)

ger, da die bloße Masse an Daten ab einem gewissen Level der LLMs nicht mehr ausreicht, um noch große Sprünge in der Performance zu machen. Garbage in, garbage out: Je mehr schlechte Daten ich verwende, desto schwieriger wird es für das Modell, diese herauszufiltern oder im Nachgang Filter-Regeln zu definieren.

Damit Sätze und Wörter vom Computer verarbeitet werden können, werden sie nach einer vorgegebenen Logik in einzelne sog. „Token" (Wörter oder Wortbestandteile) zerlegt (Abb. 1.4). Diesen Tokens wird eine eindeutige ID (Zahl) zugeordnet (Mapping). So kann ein Text in eine Vektorrepräsentation mit einer Reihe von Zahlen übersetzt werden. Beim sog. „Embedding" wird wiederum jede ID (= die maschinenlesbare Repräsentation für ein Wort oder einen Wortbestandteil) auf einen eigenen, mehrdimensionalen Vektor gemappt. So können komplexe Zusammenhänge und verschiedene Kontexte für das Modell erlernt werden, indem über die Vektoren Nähe und Entfernung zwischen einzelnen Wörtern abgebildet werden.

> **Temperatur – ein Parameter für Kreativität**
>
> Der Temperaturparameter bei LLMs (wie GPT) beeinflusst die Kreativität oder Unsicherheit der generierten Texte. Er ermöglicht den Nutzer:innen, per Einstellung zu steuern, wie sich die Antworten des Modells verhalten sollen. Wir verdeutlichen dies mit möglichen Antworten auf die Nutzer:inneneingabe „Hauptstadt von Frankreich":
>
> - Ein niedriger Temperaturwert (z. B. 0.1) bewirkt, dass das Modell auf Basis des Kontexts als nächstes Wort das wahrscheinlichste, konventionelle Wort wählt. Dies führt in der Regel zu genaueren und konsistenteren Texten, die jedoch als spröde und langweilig empfunden werden.
>   *Antwort: „Paris".*
> - Bei einem höheren Temperaturwert (z. B. 0.8) verwendet das Modell nicht unbedingt das wahrscheinlichste nächste Wort, sondern auch andere, weniger wahrscheinliche Worte. Dies ermöglicht lebendigere Texte und eine Balance zwischen Kreativität und Genauigkeit.
>   *Antwort: „Die Hauptstadt von Frankreich ist Paris, eine beliebte Stadt mit einer reichen Geschichte, berühmten Sehenswürdigkeiten und köstlichem Essen."*
> - Theoretisch gibt es keine Obergrenze und so kann man auch einen Temperatur-Wert von 10 verwenden, erhält dann aber eine relativ absurde Antwort. In der Praxis geht man daher nicht über das Maximum von 1–2 hinaus.
>   *Antwort: „Die Hauptstadt von Frankreich tanzt auf den Wellen des Marslichts, wo die Schmetterlinge Lieder über die Sterne singen. In den Straßen aus Käse und Baguette-Regenbogen findet man die verborgene Melodie des Universums, getragen von den Flügeln eines fliegenden Croissants."*
>
> Der MS Copilot (LLM von Microsoft, offene Gratisversion) bietet aktuell drei unterschiedliche Modi an: Precise, Balance oder Creative, die der Temperaturregelung entsprechen.

Künstliche Neuronale Netze werden schließlich trainiert, indem sie immer wieder unterschiedliche Sequenzen von Tokens gezeigt bekommen und für diese das nächste Token vorhersagen. Beim Training wird bspw. durch sog. „Backpropagation" an das System zurückgespiegelt, ob das Ergebnis korrekt oder inkorrekt war. Dementsprechend passt das Neuronale Netz den Algorithmus bzw. die Gewichtung der Parameter an, bis eine akzeptable Korrektheit erreicht ist. Dabei findet auch die Feinjustierung des Embeddings statt, also das Lernen, welche Tokens öfter im Kontext von anderen auftauchen und wie stark diese Verbindungen zwischen den Tokens sind. Das ist der Grund, warum es den neuen LLMs so gut gelingt, auch semantisch sinnvolle Sätze zu bilden und nicht nur grammatikalisch korrekte Ergebnisse zu erzeugen – was rein regelbasiert möglich wäre und keines solch komplexen Trainings bedürfte.

Was bedeutet „Finetuning" im Kontext der LLMs?
Die bloßen Foundation-Modelle (z. B. LLMs), die den Ausgangspunkt für spezifischere Modelle in verschiedenen Anwendungsdomänen bilden, sind immer noch relativ unbeeindruckend, wenn man von ihrer Größe absieht. Es bedarf zusätzlich eines aufwendigen Finetunings, um sie spezifische Aufgaben wie die folgenden gut erledigen zu lassen:

- **Stil und Tonalität:** einen bestimmten Schreibstil annehmen, wie z. B. formell für offizielle Briefe oder informell für soziale Medien
- **Codegenerierung und -review:** syntaktisch korrekten Code generieren oder Code korrigieren
- **Zusammenfassungen erstellen:** komplexe, wissenschaftliche Texte zusammenfassen
- **Übersetzen:** zwischen verschiedenen Sprachen oder juristische Dokumente übersetzen
- **Interaktion:** als hilfsbereiter Chatbot fungieren

Finetuning ist nach dem initialen Training also ein zweiter, ebenfalls sehr kostspieliger Prozess, den sich vor allem die Open-Source-Sprachmodelle bisher nicht leisteten. Das Finetuning ist auch ein Grund, warum eigene domänenspezifische Modelle für die meisten Forschungseinrichtungen oder kleinere Unternehmen bisher unbezahlbar waren.

Für ein Unternehmen wie Meta war es jedoch leicht möglich, ein zweischrittiges Finetuning des Modells „Llama 2" durchzuführen: Der erste Schritt bestand darin, die Gewichtungen des Foundation-Modells mit Beispielprompts und einer vorgegebenen Antwort weiter zu optimieren. Im Fall von Llama 2 waren das 100.000 Frage-und-Antwort-Paare.

Der zweite, noch aufwendigere Schritt bestand im sogenannten „Reinforcement Learning by Human Feedback" (RLHF), bei dem Menschen mehrere Antwortvarianten des Modells auf vorgegebene Prompts bekommen und bewerten müssen, welche Antwort ihnen am besten gefällt. So lernt das Modell weiter, was richtige/gute Antworten sind.

Durch die schnelle Weiterentwicklung der Open-Source-Modelle, neue Trainingsprozesse für eigene Modelle und zur Verfügung gestellte offene Trainingsdaten wird das Finetuning auch für kleinere Unternehmen greifbarer.

Was bedeutet „Mixture of Experts" und wie kann dies zu „Emergenz" führen?

Bei „Mixture of Experts"-Modellen werden Modelle, die in unterschiedlichen Bereichen und zu unterschiedlichen Zwecken trainiert wurden, zusammengeführt und erhalten so weitere Fähigkeiten. Man geht davon aus, dass GPT-4 als ein Mixture-of-Experts-Modell auf bis zu acht unterschiedliche Modelle zugreift und deshalb besonders gute Ergebnisse hervorbringt (Barr, 2023). Dass GPT-4 mitunter Fähigkeiten hat, mit denen man nicht gerechnet hatte, bezeichnet man als „Emergenz". Emergenz beschreibt in der Biologie die Eigenschaft komplexer Systeme, aus quantitativen Veränderungen qualitativ neue Phänomene hervorzubringen, getreu dem Motto: das Ganze ist größer als die Summe seiner Teile (Seemann, 2023, S. 31).

> **IHR TRANSFER IN DIE PRAXIS**
>
> - Sorgen Sie in Ihrem Unternehmen dafür, dass Ihre Mitarbeitenden das Grundwissen über die hier aufgeführten Begriffe und Konzepte besitzen.
> - Erstellen Sie ein KI-Glossar (siehe Glossar), um das notwendige Vokabular für die weitere Auseinandersetzung zur Verfügung zu stellen.
> - Entwickeln Sie entsprechende Materialien oder Lernpfade, die den Einstieg erleichtern und für alle Mitarbeitenden zugänglich sind.
> - Schaffen Sie durch konkreten Praxisbezug das Bewusstsein, warum Ihre Mitarbeitenden die Funktionsweisen und Grundlagen der KI kennen und verstehen sollten (siehe Kap. 2).
> - Organisieren Sie wiederkehrende Termine, in denen die Begrifflichkeiten regelmäßig vorgestellt, aktuelle Trends und Entwicklungen aufgezeigt und vor allem Fragen gestellt werden können.

Literatur

Barr, A. (12. Juli 2023). The world's most powerful AI model suddenly got "lazier" and "dumber." A radical redesign of OpenAI's GPT-4 could be behind the decline in performance. *Business Insider*. www.businessinsider.com/openai-gpt4-ai-model-got-lazier-dumber-chatgpt-2023-7. Zugegriffen: 3. Jan. 2024.

Creamer, E. (15. November 2023). 'Hallucinate' chosen as Cambridge dictionary's word of the year. *The Guardian*. https://www.theguardian.com/books/2023/nov/15/hallucinate-cambridge-dictionary-word-of-the-year. Zugegriffen: 28. Dez. 2023.

Google. (19. Dezember 2023). VideoPoet: A large language model for zero-shot video generation. *Google Blog*. https://blog.research.google/2023/12/videopoet-large-language-model-for-zero.html. Zugegriffen: 2. Jan. 2024.

Heaven, W. D. (18. November 2022). Why Meta's latest large language model survived only three days online. *MIT Technology Review*. https://www.technologyreview.com/2022/11/18/1063487/meta-large-language-model-ai-only-survived-three-days-gpt-3-science/. Zugegriffen: 2. Jan. 2023.

Heikkilä, M. (27. November 2023). Unpacking the hype around OpenAI's rumored new Q* model. *MIT Technology Review*. https://www.technologyreview.com/2023/11/27/1083886/unpacking-the-hype-around-openais-rumored-new-q-model/. Zugegriffen: 4. Jan. 2024.

Marcus, G., & Luccioni, S. (18. April 2023). *Stop Treating AI Models Like People*. https://garymarcus.substack.com/p/stop-treating-ai-models-like-people. Zugegriffen: 2. Jan. 2024.

McCarthy, J., Minsky, M. L., Rochester, N., & Shannon, C. E. (1955). *A proposal for the Dartmouth Summer Research Project on Artificial Intelligence*. Stanford University. http://www-formal.stanford.edu/jmc/history/dartmouth/dartmouth.html. Zugegriffen: 2. Jan. 2024.

Metzger, S. (20. Dezember 2022). *A Beginner's Guide to Tokens, Vectors, and Embeddings in NLP*. https://medium.com/@saschametzger/what-are-tokens-vectors-and-embeddings-how-do-you-create-them-e2a3e698e037. Zugegriffen: 30. Dez. 2023.

Seemann, M. (2023). *Künstliche Intelligenz, Large Language Models, ChatGPT und die Arbeitswelt*. Hans-Böckler-Stiftung. https://www.boeckler.de/fpdf/HBS-008697/p_fofoe_WP_304_2023.pdf. Zugegriffen: 30. Dez. 2023.

Statista (2023). *Number of Threads sign-ups worldwide as of July 10, 2023.* Statista.com. https://www.statista.com/statistics/1398663/global-threads-users/. Zugegriffen: 2. Jan. 2024.

Turing, A. M. (1950). Computing Machinery and Intelligence. *Mind, 59*(236), 433–460. https://doi.org/10.1093/mind/LIX.236.433.

Vaswani, A., Shazeer, N., Parmar, N., Uszkoreit, J., Jones, L., Gomez, A., Kaiser, L., & Polosukhin, I. (2017). *Attention is all you need.* https://arxiv.org/pdf/1706.03762.pdf. *Zugegriffen: 2. Jan. 2024.*

2
Einsatzbereiche von KI im Bereich Analytics

WAS SIE AUS DIESEM KAPITEL MITNEHMEN

- In welchen Phasen sich die Datenwertschöpfung grundsätzlich vollzieht und wo KI bereits zum Einsatz kommt
- Wo aktuell das meiste Potenzial für den Einsatz von KI steckt und welche Bereiche Sie sich deshalb genauer ansehen sollten
- Wo Sie KI in Ihrem Alltag direkt anwenden können, um Aufgaben schneller und einfacher zu erledigen
- Warum sog. „Synthetische Daten" in Zukunft eine größere Rolle spielen werden
- Wie die einzelnen Komponenten des AdTech- bzw. Programmatic-Advertising-Kosmos zusammenspielen und welchen Beitrag KI bei der Datenaktivierung leisten kann

© Der/die Autor(en), exklusiv lizenziert an Springer Fachmedien Wiesbaden GmbH, ein Teil von Springer Nature 2024
R. Greiner et al., *Quick Guide KI-Kompetenz für Analytics,* Quick Guide, https://doi.org/10.1007/978-3-658-44306-1_2

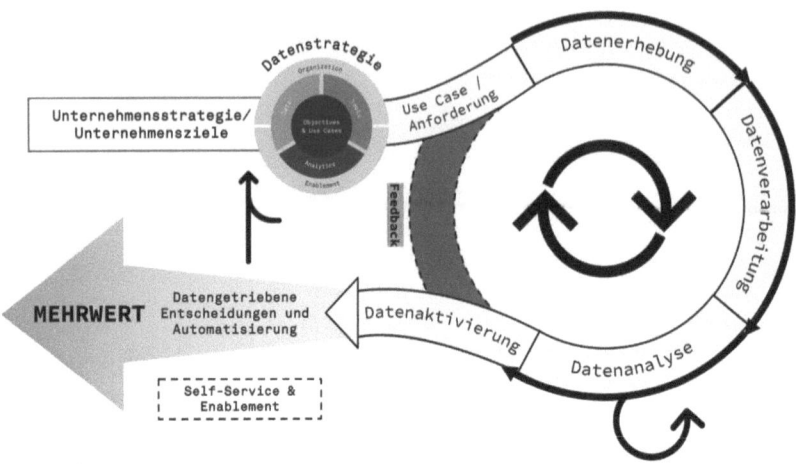

Abb. 2.1 Der Data Value Loop zeigt die Phasen der Datenwertschöpfung als iterativen Prozess

2.1 Der Data Value Loop in den Zeiten der KI

In den meisten Analytics-Abteilungen ist die Datenwertschöpfungskette – bestehend aus Datenerhebung, Datenverarbeitung[1], Datenanalyse und Datenaktivierung – wohlbekannt. Ramona Greiner, Matthias Böck und David Berger haben in ihrem Buch „Analytics und Artificial Intelligence" jedoch gezeigt, dass die lineare Kette eigentlich ein geschlossener Loop (Abb. 2.1) sein muss, damit sich die Wertschöpfung mit jeder Wiederholung iterativ verbessern kann, indem neue Ergebnisse neue Fragestellungen ergeben, die wiederum neue Daten erforderlich machen, die zu neuen Erkenntnissen führen und so weiter (Greiner et al., 2022, S. 139–155; S. 172). Die gewonnenen Erkenntnisse müssen dabei ebenso auf die Datenstrategie und auch auf die

---

[1] Im Sinne der DSGVO sind mit „Datenverarbeitung" alle Vorgänge im Zusammenhang mit personenbezogenen Daten gemeint – inklusive der Erhebung, Speicherung, Veränderung und Nutzung (Art. 4, Nr. 2 DSGVO). Wir verwenden den Begriff „Datenverarbeitung" hier als den zweiten Schritt im Data Value Loop und bezeichnen damit die Transformation, Aufbereitung und Prozessierung der Daten in Abgrenzung zu Erhebung, Analyse und Aktivierung.

2 Einsatzbereiche von KI im Bereich Analytics

Unternehmensziele/-strategie einwirken, die im Idealszenario natürlich den Ausgangspunkt für jegliche Datennutzung bilden.

Im Zeitalter der KI werden die traditionellen Schritte der Datenerhebung, -verarbeitung, -analyse und -aktivierung nun durch leistungsstarke KI-Technologien unterstützt, was zu einer erweiterten und effizienteren Datenwertschöpfung führt.

Notwendig ist dabei eine nutzer:innenorientierte Priorisierung der eingesetzten KI-Technologien, sodass je Phase diejenigen Lösungen eingesetzt werden, die das größte Potenzial für Mehrwert bieten (Abb. 2.2). Je nach technologischen Entwicklungen und sich ändernden Rahmenbedingungen muss die Priorisierung regelmäßig hinterfragt und angepasst werden.

Die Bereitstellung und kontinuierliche Nutzung von KI-gestützten Daten und Auswertungen, fortlaufende Feedback-Loops, die in den kommenden Iterationen des Data Value Loops integriert werden können, und die Befähigung aller Teams, KI-Anwendungen zu nutzen, multiplizieren den generierten Mehrwert im gesamten Unternehmen.

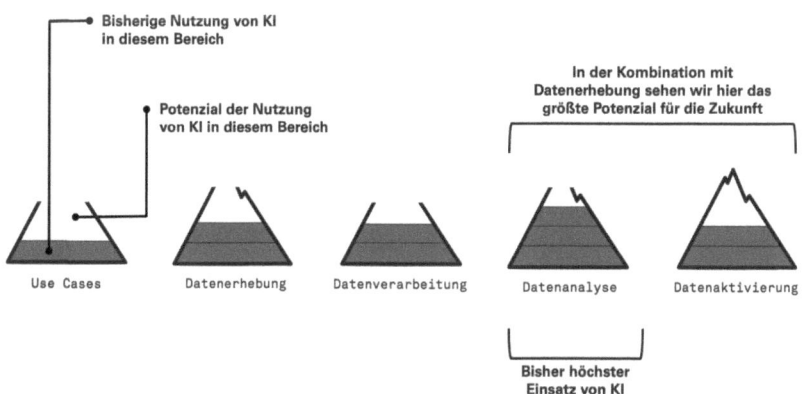

Abb. 2.2 Potenzialeinschätzung. Wo ist wieviel KI bereits im Einsatz und welche Phasen haben in der Zukunft das größte Potenzial?

> **KI im Office-Alltag**
>
> Unabhängig vom Data Value Loop sind wir in unserem Arbeitsalltag in nahezu allen Bereichen mit GenAI konfrontiert. Microsoft und Google werden GenAI in noch mehr Produkte integrieren und neue GenAI-Tools werden unsere Arbeitsprozesse auf verschiedenen Ebenen nachhaltig verändern.
>
> - **Generieren:** E-Mails, PowerPoint-Slides, Angebote, Verträge, Reports, Blog-Beiträge, Social Media Postings, Bilder etc.
> - **Review:** Verträge, eigene Texte etc.
> - **Zusammenfassen:** Meetings und Protokolle, Reports, Publikationen, Audio/Podcasts, Videos etc.
> - **Verwalten:** Notizen, Archive etc.
>
> Teil einer entsprechenden Daten- und KI-Strategie muss also auch die Adaption von KI im Büroalltag sein.

In den folgenden Abschnitten werfen wir kurze Schlaglichter auf einige der wichtigsten, schon heute oder künftig verfügbaren Möglichkeiten, KI in Ihren Analytics-Abteilungen einzusetzen. Sie sollten von diesen Anwendungsbereichen entlang des Data Value Loops zumindest einmal gehört haben, um das künftige Potenzial von KI für Ihr Unternehmen erfassen und die dementsprechend notwendigen KI-Kompetenzen bestimmen zu können.

2.2 KI x Datenerhebung

Auch im Zeitalter von KI ist es unabdingbar, die richtigen Daten in der richtigen Qualität zu sammeln. Das Versprechen von Big Data hat sich für viele Unternehmen jedoch nicht erfüllt: Rund 70–90 % der gesammelten Daten sind sogenannte Dark Data – Daten also, die erfasst und gespeichert, aber nicht genutzt werden (Southekal, 2020; Kroker, 2020). Die Gründe dafür reichen von fehlenden Use Cases, schlechter Qualität oder veralteten Daten bis hin zum fehlenden Zugriff oder schlichtweg vergessenen Datenspeichern. Das bedeutet, auch wenn wir mit KI Datenquellen schneller erschließen können, sollten die Notwendigkeit und letztendliche Verwertungspotenziale zuvor evaluiert werden.

Sind diese beiden Punkte gegeben und die richtigen Daten identifiziert, müssen diese korrekt und effizient erhoben werden. LLMs helfen uns dabei, über die Schnittstellen (APIs) von Facebook, Google und vielen weiteren Tools Daten schneller zu exportieren oder die Daten via Tracking auf der eigenen Website zu sammeln. Sogar Daten, die es eigentlich nicht gibt oder die uns aus anderen Gründen, wie z. B. dem Datenschutz, nicht zugänglich sind, können wir künstlich über KI-Modelle generieren und analysieren. Die im Folgenden beschriebenen Bereiche besitzen ein hohes Potenzial für künftige Einsatzmöglichkeiten von KI, indem sie uns helfen, schneller neue Datenquellen zu erschließen oder neue KI-Modelle zu entwickeln bzw. zu evaluieren.

2.2.1 API Automation

LLMs können zwar (noch) nicht direkt mit anderen Services sprechen und deren Funktionen (API-Calls) aufrufen, jedoch den ausführbaren Code erzeugen. LLMs wurden mit entsprechenden Code-Beispielen trainiert und kennen auch die nötigen API-Dokumentationen.

Das heißt, wir können z. B. die API von OpenAI nutzen, um eine Anfrage an die API von Adobe Analytics zu generieren, um bestehende Segmente oder Reports zu extrahieren. OpenAI generiert dabei den Code (oder Request) mit entsprechenden Parametern und Variablen für die Anfrage. Dieser muss nur noch lokal oder auf einem Server ausgeführt werden. Die Rückgabe (häufig in Form einer JSON-Datei) wird erneut an die OpenAI API geschickt, wo die notwendigen Informationen, z. B. in tabellarischer Form, entsprechend aufbereitet werden. Viele der GenAI-Start-ups nutzen genau diesen Workflow und stellen lediglich ein Interface für spezifische Anwendungsfälle zur Verfügung, das im Hintergrund OpenAI-Services verwendet. Dies funktioniert theoretisch für beliebige APIs, hat aber drei Probleme:

- Änderungen an der API-Dokumentation sind ggf. noch nicht im Trainingsdatensatz enthalten gewesen.

- LLMs können nach wie vor halluzinieren und falsche Anfragen (z. B. Download der gesamten Datenbank) könnten hohe Kosten verursachen.
- Rechtlich gilt es zu beachten, dass keinerlei Credentials oder personenbezogene Daten über diesen Workflow geleitet und an OpenAI übermittelt werden sollten (sofern hierfür nicht die Rechtsgrundlage geschaffen wurde).

Neben APIs können auch Webseiten, Foren oder Blogs über generierte Crawler abgerufen werden, z. B. mittels eines Prompts wie „Schreibe mir einen Crawler, der die Überschriften aller Artikel auf der spiegel.de-Website extrahiert". Dies kann dann beliebig erweitert und verfeinert werden.

2.2.2 Tracking Automation

LLMs können helfen, das Tracking-Setup für eine Website aufzusetzen sowie den zugehörigen Data Layer zu definieren, zu verwalten und weiterzuentwickeln. Zugriff auf die Elemente einer Seite erhält das LLM entweder über das direkte Aufrufen oder die Analyse des Quellcodes.

Möglichkeiten für die Unterstützung durch das LLM:

- Der Data Layer kann analysiert und auf fehlende Datenpunkte, Inkonsistenzen oder die generelle Korrektheit des Codes überprüft werden.
- LLMs können Vorschläge machen, wie man den Data Layer durch zusätzliche Variablen erweitern könnte.
- Anforderungen an den Data Layer können in natürlicher Sprache eingegeben und in Code übersetzt werden. Man könnte so z. B. eine weitere Variable für die Anzahl der gekauften Produkte hinzufügen.

LLMs sollten als Sparringspartner und Inspirationsquelle betrachtet werden, aber nicht als die Lösung, der man uneingeschränkt vertrauen kann. Für ein sinnvolles Tracking-Setup müssen der Kontext der Website, die Ziele der Datensammlung sowie technische Besonderheiten –

auch auf Nutzer:innen-Seite (z. B. Browser oder Devices) – berücksichtigt werden.

2.2.3 Synthetische Daten

Synthetische Daten sind künstlich erstellte Daten, die verwendet werden können, um echte Daten in verschiedenen Anwendungen, z. B. im Bereich des Maschinellen Lernens, zu ergänzen oder zu ersetzen. Gartner sagte bereits für 2024 voraus, dass wir in Machine-Learning-Modellen einen enormen Anstieg an künstlich generierten Trainingsdaten sehen werden und spricht konkret von 60 % (Gartner, 2023). Statistische Modelle oder Generative KI können uns helfen, künstliche Daten zu generieren, um unsere Trainingsdatensätze zu vergrößern oder Datenlücken zu schließen. Hierbei werden Muster und Strukturen aus echten Daten analysiert und nachgebildet oder mögliche Verteilungen geschätzt. Künstliche Daten haben den Vorteil, dass sie deutlich weniger strengen Datenschutzvorschriften unterliegen – sofern keine echten persönlichen oder vertraulichen Informationen in die synthetischen Datensätze eingefügt worden sind.

Konkrete Anwendungsfelder könnten folgende sein:

- **Website:** Verhalten von Website-Besucher:innen kann simuliert werden, um die Website-Performance sowie die Datensammlung zu überprüfen oder entsprechende Prognosen für das zukünftige Verhalten zu erstellen. Voraussetzung ist dabei, dass die Daten repräsentativ für die tatsächlichen Besucher:innen sind.
- **Marketing:** Marketingstrategien können auf Basis künstlich nachgebildeten Kund:innenverhaltens risikolos getestet werden (Budget-Optimierung).
- **Fraud Detection:** ML-Modelle können aus Daten von bereits erkannten Betrugsversuchen neue Variationen generieren und mit diesen wiederum ein Fraud-Detection-Modell trainieren.
- **Healthcare:** Aus bestehenden Patient:innendaten können neue simuliert und für Analysen verwendet werden, sofern die ursprünglichen Daten nicht mehr erkennbar sind.

2.3 KI x Datenverarbeitung

Bei der Datenverarbeitung müssen Daten zusammengeführt (integriert), prozessiert und transformiert werden:

- Datenintegration erfolgt z. B. über gemeinsame Identifier (E-Mail-Adresse, Kunden-ID etc.) und verknüpft Daten aus verschiedenen Quellen.
- Bei der Prozessierung werden die Daten bereinigt, z. B. von Bot-Traffic, Testkäufen oder schlichtweg falsch erhobenen Datenpunkten und Ausreißern.
- Die Transformation dient dazu, Daten in ein geeignetes Format für die Analysen oder die darauf aufbauenden Dashboards zu bringen. Meist geht es hierbei um die Umwandlung von einem Datenformat in ein anderes, wie z. B. von JSON, BigQuery oder Parquet, also Formaten, in denen Daten häufig gespeichert sind, in einfache Tabellenformate. Darüber hinaus müssen Daten aggregiert (z. B. täglich, wöchentlich oder monatlich) oder einfach nur die Spaltennamen angepasst werden.

Tatsächlich kommt in all diesen Schritten bereits KI zur Anwendung – sei es bei der automatischen Erkennung von Bots, dem Auffüllen von fehlenden Werten oder der Auswahl von relevanten Datenpunkten für ein Machine-Learning-Modell.

LLMs bieten uns nun weitere Anwendungsmöglichkeiten, um die Datenverarbeitung zu verbessern: Sie generieren für uns Code in verschiedenen Programmiersprachen oder für Excel und beschleunigen dadurch die Entwicklungszeit von Datenverarbeitungen (z. B. ETL-Strecken) enorm. Darüber hinaus können mit den neuen Modellen bisher schwer zugängliche, unstrukturierte Daten erschlossen werden, z. B. firmeneigene Dokumente, Foreneinträge, Verträge, E-Mails etc. Dies stimmt zumindest bis zu einem gewissen Grad, denn auch hier gilt das Garbage-in-Garbage-out-Prinzip: Fehlende oder komplett unstrukturierte Daten kann auch eine KI nicht retten oder der Aufwand, den es bedeuten würde, diese Probleme mit KI zu beheben, stünde in keiner

Relation zum erwarteten Nutzen. Im Folgenden geben wir ein paar Anwendungsbeispiele für den sinnvollen Einsatz von LLMs.

2.3.1 Excel und Google Sheets

Ok, sind wir ehrlich: Die ein oder andere Datenanalyse wird auch künftig nicht an Excel (im Folgenden austauschbar mit Google Sheets) vorbeikommen. Hier kann uns ChatGPT (oder ein anderes LLM-basiertes Tool) helfen, z. B. komplexere Formeln zu generieren (Abb. 2.3). Sollte die vorgeschlagene Formel nicht funktionieren, können wir diese erneut an ChatGPT zurückspielen und unser Bedürfnis als Frage

You
Schreibe eine Excel-Formel, die mir eine Spalte mit Email-Adressen um Sonderzeichen, Leerzeichen und Großbuchstaben bereinigt.

ChatGPT
Um eine Excel-Formel zu erstellen, die eine Spalte mit Email-Adressen bereinigt, indem Sonderzeichen, Leerzeichen und Großbuchstaben entfernt werden, kannst du die Funktionen `SUBSTITUTE`, `CLEAN`, `TRIM` und `LOWER` kombinieren. Hier ist eine Beispiel-Formel:

```excel
=LOWER(SUBSTITUTE(CLEAN(TRIM(A1))," ",""))
```

Diese Formel geht davon aus, dass die ursprüngliche Email-Adresse in Zelle A1 steht. Hier ist eine Erläuterung der Funktionen:

* `TRIM`: Entfernt führende und abschließende Leerzeichen aus dem Text.
* `CLEAN`: Entfernt nicht druckbare Zeichen aus dem Text.
* `SUBSTITUTE`: Ersetzt bestimmte Zeichen oder Textmuster durch andere.
* `LOWER`: Konvertiert alle Buchstaben in Kleinbuchstaben.

Abb. 2.3 Beispiel für eine Funktion, die für Excel erstellt wird. ChatGPT liefert zusätzlich eine Erklärung der einzelnen Funktionen

formulieren. Dabei lernen wir einerseits, dass wir das Problem präzise beschreiben müssen und entwickeln andererseits einen Workflow, wie wir ChatGPT im Alltag am besten einsetzen. Darüber hinaus kann uns ChatGPT auch bei generellen Fragen helfen, z. B. wie wir eine Pivot-Tabelle erstellen können. (Hier sei aber angemerkt, dass eine simple Google-Suche die umweltfreundlichere Alternative wäre.)

Nicht nur Formeln, sondern auch VBA-Code oder Macros können mit ChatGPT erstellt werden. Dabei können folgende Tipps helfen:

- **Aufsplitten:** Problemstellung in kleinere Teilprobleme herunterbrechen, für diese den jeweiligen Code erstellen lassen und dann zusammenfügen lassen
- **Trial and Error:** Code ausprobieren und üben, den Code mit ChatGPT nach und nach zu korrigieren oder zu verbessern
- **Verstehen:** Bestehenden Code von ChatGPT erklären lassen
- **Debugging:** ChatGPT Fehler im Code suchen lassen

Eine weitere Option ist es, ein LLM über die API von OpenAI direkt in Excel einzubauen. Über eine so verbundene Zelle in Excel können dann Anfragen direkt an das LLM geschickt werden – eine Funktionalität, die neue Möglichkeiten eröffnet und vermutlich bald flächendeckend in die Produkte von Microsoft & Co. eingebaut sein wird.

Auch wenn LLMs erstaunliche Fähigkeiten aufweisen und uns komplexeste Formeln zeigen können, sind sie teilweise schlecht in Mathe. Dies galt besonders für die freie Version ChatGPT 3.5 (Abb. 2.4):

Natürlich werden die Modelle weiterentwickelt, erkennen inzwischen automatisch entsprechende Anfragen und rufen z. B. einen Taschenrechner auf. Das Beispiel soll aber verdeutlichen, dass wir uns nicht blind auf die LLM-Bots verlassen sollten, selbst wenn die Antworten selbstbewusst vorgetragen sind oder beim Überschlagen überzeugend wirken, und dass die Modelle nicht für jede Art von Aufgabe gleich gut funktionieren.

> **You**
> Theo hat zwei Kurzohrrüsselspringer. Diese bekommen drei Junge, wovon er zwei Tim schenkt. Wie viele Kurzohrrüsselspringer hat Theo noch?

> **ChatGPT**
> Theo hat immer noch zwei Kurzohrrüsselspringer. Obwohl er drei Junge hat, schenkt er nur zwei davon an Tim. Daher bleibt die Anzahl der Kurzohrrüsselspringer, die Theo behält, unverändert bei zwei.

> **You**
> Wie viel ist 1243 × 4532?

> **ChatGPT**
> 1243 multipliziert mit 4532 ergibt 5.628.076.

Abb. 2.4 Beispiele für fehlerhafte mathematische Antworten in ChatGPT 3.5. (Theo besitzt natürlich noch 3 der 5 Kurzohrrüsselspringer und 1243×4532 ergibt 5.633.276. Die Bezahlversion ChatGPT 4 sowie MS Copilot konnten beide Aufgaben bereits richtig lösen)

2.3.2 SQL

Die meisten (relevanten) Daten liegen mittlerweile – zum Glück – seltener in Excel-Sheets und häufiger in Data Warehouses (DWHs). Eine wichtige Fähigkeit von Analyst:innen ist es, Daten aus diesen DWHs abzufragen und sie zu bereinigen oder zu transformieren. Die hierfür wichtigste Sprache ist SQL. Auch hier können ChatGPT & Co. Code-Vorschläge generieren, beim Debugging helfen oder komplizierte Queries in einzelne Bestandteile zerlegen und diese erklären. Dies bedeutet eine enorme Arbeitserleichterung und hilft auch dabei, das Query eines Kollegen zu reparieren, das gerade während dessen Urlaub kaputt gegangen ist und aus 300 Zeilen Code mit vielen exotischen Funktionen besteht.

Vorteile bei der Code-Generierung durch LLM-Bots:

- Schnelles Generieren von ersten Code-Bausteinen, Finden von Fehlern oder Erklärung von Code
- Kenntnis vieler Funktionen, die einzelne Entwickler:innen nur schwer alle überblicken können
- Sparringspartner, der hilft, die Syntax zu erlernen oder eigene Ansätze zu verbessern
- Verschiedene SQL-Typen können verwendet oder übersetzt werden – von SQLite über PostgreSQL bis hin zu BigQuery

Nachteile bei der Code-Generierung durch LLM-Bots:

- ChatGPT kennt nur einen begrenzten Kontext und hat kein tieferes Verständnis des gesamten DWHs und der Zusammenhänge.
- Expert:innen werden weiterhin benötigt, da eine vorgeschlagene Lösung nicht unbedingt die beste/schnellste sein muss.
- Gerade auf Datenbanken sollte man vorgeschlagenen Code nicht einfach blind ausführen. Konsequenzen können von der Überlastung des Servers bis hin zur versehentlichen Löschung oder Überschreibung von Daten reichen.

2.3.3 Python (oder R)

LLMs können für alle gängigen Programmiersprachen Code generieren und so auch für Python (oder R, Java, C++, …), die mittlerweile beliebteste Programmiersprache für den Bau von Datenintegrations-, Speicherungs- und Verarbeitungspipelines (auch ETL-Strecken genannt; Extract, Transform, Load). Entwickler:innen profitieren in hohem Maße von der Nutzung von LLMs, die für die Code-Generierung optimiert wurden.

Vorteile bei der Code-Generierung durch LLM-Bots:

- Analog zu den Vorteilen von SQL: Geschwindigkeit in der Code-Erstellung, Fehlersuche und Erklärung von Code-Bestandteilen

- Code-Beispiele für die Anfrage verschiedener APIs können generiert werden (siehe Abschn. 2.2.1.)
- Ebenfalls können LLMs helfen, die Programmiersprache zu erlernen oder Kenntnisse zu erweitern

Nachteile bei der Code-Generierung durch LLM-Bots:

- Code, der syntaktisch korrekt ist, muss nicht automatisch das Richtige tun. Die LLMs wurden auf öffentlichen Code-Beispielen trainiert und dadurch auch auf vielen nicht optimalen oder sogar falschen Lösungen.
- Generierte Code-Bausteine könnten Intellectual Property-Rechte verletzen und zu entsprechenden Problemen führen.
- Plugins, die beim Debuggen oder Entwickeln helfen, könnten den Code, der ggf. Firmeninformationen, Passwörter oder andere Zugangsdaten enthält, an eine API schicken, die nicht den Datenverarbeitungsrichtlinien entspricht.

Für Entwickler:innen bedeutet dies eine große Veränderung in ihrer täglichen Arbeit. Vor allem juniorigere Entwickler:innen können ihre Produktivität deutlich steigern, indem weniger Zeit für die Erstellung von Code-Grundbausteinen verwendet und die Fehlersuche beschleunigt wird.

> **Copilot (GitHub) – Code Interpreter – MS Copilot**
>
> Mittlerweile gibt es immer mehr Tools, Plugins oder in Chatbots integrierte Lösungen, die helfen, Code automatisch zu generieren oder zu analysieren.
> GitHub Copilot basiert auf der Technologie von OpenAI (GPT) und dem Wissen der öffentlichen GitHub Repositories (Microsoft). Es analysiert den Kontext des geschriebenen Codes und schlägt automatisch passende, nächste Code-Snippets oder direkt Code für eingefügte Kommentare vor. Die Vorschläge reichen von einzelnen Zeilen bis zu kompletten Funktionen. So wird die Entwicklung beschleunigt und einfache Syntaxfehler vermieden sowie eine automatisierte Dokumentation des Codes ermöglicht. Andere Tools wie Code Interpreter (ChatGPT) und MS Copilot bieten ähnliche Funktionen.

2.3.4 Retrieval Augmented Generation (RAG)

Retrieval Augmented Generation hilft, die Genauigkeit und Zuverlässigkeit von generativen KI-Modellen mit Fakten aus eigenen bzw. externen Datenquellen zu verbessern (Abb. 2.5). RAG vereinfacht es, LLMs zu prüfen und zu verstehen und stärkt zudem das Vertrauen der Nutzer:innen, indem es überprüfbare Quellen liefert und die Wahrscheinlichkeit von Halluzinationen verringert. Die externen bzw. eigenen Daten, die einen Prompt mit zusätzlichem Kontext anreichern,

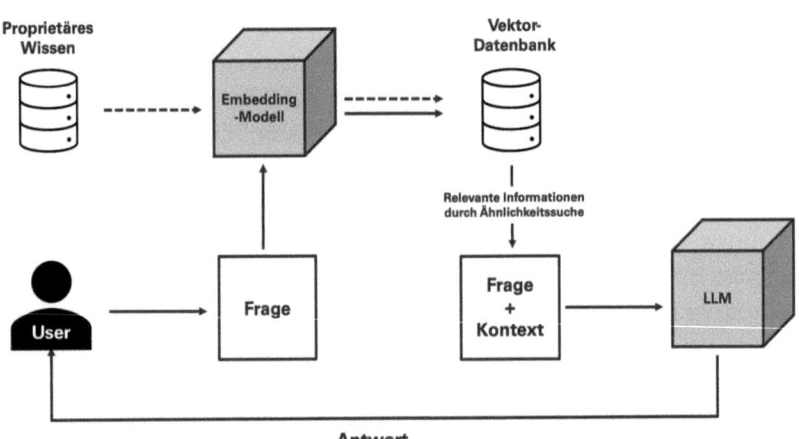

Abb. 2.5 Übersicht zur Funktionsweise von Retrieval Augmented Generation (RAG). Vorhandenes Wissen (z. B. Geschäftszahlen, Bedienungsanleitungen oder medizinische Daten) wird zunächst in kleinere Wissensabschnitte unterteilt. Diese werden über ein Embedding-Modell umgewandelt, d. h. dass Beziehungen zwischen den einzelnen Wissensabschnitten (in Form von Vektoren) hergestellt werden. Die resultierenden Embeddings können in einer Vektor-Datenbank gespeichert werden. Wenn ein User nun eine Frage stellt, wird diese ebenfalls im Embedding-Modell umgewandelt und kann nun verwendet werden, um die Vektor-Datenbank nach den ähnlichsten Embeddings zu durchsuchen. Die Top n ähnlichsten Ergebnisse werden verwendet, um die ursprünglichen Wissensabschnitte zu extrahieren und diese als Kontext zusammen mit der Frage an ein LLM zu übergeben. Das LLM verwendet dann den Kontext, um eine passende Antwort zu generieren. Bei RAG handelt es sich also um eine Art Prompt Engineering.

können aus verschiedenen Datenquellen stammen, z. B. aus Datenbanken, Dokumenten-Repositories oder APIs.

Mit RAG können Analysen verbessert, aber auch neue Services entwickelt werden, z. B. ein Chatbot, der technische Dokumentationen erklärt oder sämtliche Aufbauanleitungen von IKEA kennt. Ein weiterer Anwendungsfall könnte die Suche über alle internen Meetings hinweg (sofern Notizen oder Transkripte dazu bestehen), im Firmen-Wiki oder in Patientenakten sein. Nutzer:innen können diese Daten mit natürlicher Sprache durchforsten oder Tipps erhalten, welche weiteren Fragestellungen in diesem Kontext sinnvoll wären. So lassen sich Spezialwissen und aktuelle Informationen für eine Organisation in einer GenAI-Anwendung bereitstellen.

Eine inzwischen beliebte Black-Box-Variante von RAG sind die CustomGPTs von OpenAI (siehe auch Abschn. 2.4.2.). CustomGPTs ermöglichen es Nutzer:innen, eigene GPT-Helfer zu erstellen und diesen eigenes Spezialwissen als Kontext zur Verfügung zu stellen.

2.4 KI x Datenanalyse

Nach der Anwendung bei Datensammlung und Vorverarbeitung kann KI auch genutzt werden, um die eigentlichen Analysen durchzuführen. Hierbei müssen die Mitarbeitenden nicht nur die richtigen Fragen stellen, sondern auch wissen, welche Fähigkeiten und Tools eingesetzt werden können, um diese Fragen zu beantworten.

LLMs vereinfachen gerade massiv den Einstieg in Bereiche wie Data Engineering, Business Intelligence (BI) oder auch Data Science. Mit der Hilfe von LLMs können juniorigere Analyst:innen ihre Fähigkeiten schnell erweitern und mitunter komplexe Datenverarbeitungsschritte oder Analysen angehen. Gleichzeitig können LLMs sogar die Datenaufbereitung automatisieren oder standardisierte Analysen selbst durchführen. Hierdurch verschiebt sich die Tool- aber auch die Kompetenzlandschaft. Im Folgenden beleuchten wir Self-Service Analytics und exemplarisch die Rolle der BI-Expert:innen, um aufzuzeigen, wie sich diese Verschiebung in den Tools, Rollen aber auch Prozessen auswirken wird.

2.4.1 Self-Service Analytics

Viele Unternehmen scheitern nicht erst an der Einführung von KI, sondern bereits an ihrer Reporting- oder BI-Strategie. Hat man sich für ein BI-Tool – wie z. B. Tableau oder PowerBI – entschieden, entstehen innerhalb kürzester Zeit hunderte von Dashboards, die allerdings niemand nutzt und die dazu führen, dass die wenigen relevanten Dashboards in der Myriade an unnützen Dashboards untergehen und nicht mehr auffindbar sind. Deshalb spricht man in diesem eher frühen Entwicklungsstadium eines datengetriebenen Unternehmens auch von „Death by Dashboards".

Um Prozesse zu verschlanken und die Mitarbeitenden mit Informationen zu versorgen, die sie für ihre tägliche Arbeit wirklich benötigen, setzen immer mehr Unternehmen auf Self-Service Analytics. Hierbei sollen Mitarbeitende in die Lage versetzt werden, aus für sie zugänglichen Daten mittels geeigneter Tools relevante Erkenntnisse zu extrahieren. Für ein technologisch wie personell (Stichwort: Tool- und Data Literacy) ausreichend gereiftes Unternehmen bietet sich der Schritt zu Self-Service Analytics durchaus an: Angefangen bei individuellen, interaktiven und flexiblen Dashboards bis hin zu Stakeholdern, die eigenständig Datensätze nach ihren Bedürfnissen extrahieren oder fortgeschrittene Analysemodelle auf kuratierten Datensätzen einsetzen.

Neue KI-Tools, wie Veezoo oder ThoughtSpot, drängen nun auf den Markt und stellen dabei das klassische Dashboard infrage, indem nicht mehr aufwendige Visualisierungen gebaut werden müssen, sondern mittels natürlicher Sprache aktuelle Fragestellungen an die vorhandenen Daten gerichtet werden. Die neuen Tools liefern dann neben den entsprechenden Daten eine passende Visualisierung sowie weitere mögliche Anschlussfragen, ohne dass zwangsläufig Analyst:innen, Data Scientists oder BI-Spezialist:innen involviert sein müssen.

Auswirkungen von KI-basiertem Self-Service Analytics:

- Ein Shift, weg von den oft starren Visualisierungen, hin zu den eigentlichen Fragestellungen

- Einzelpersonen und Teams sind in der Lage, Analysen zu erstellen und Erkenntnisse zu gewinnen – unabhängig von ihren technischen oder analytischen Fachkenntnissen und ohne Unterstützung durch das Datenteam.
- Ressourcen für Dashboarding und analytische Arbeitskräfte sollten jedoch nicht eingespart, sondern an anderer Stelle eingesetzt werden. Nachhaltige Analysen erfordern umfangreiche Anstrengungen in den Bereichen Datensatzkuratierung, Datenqualität und Governance.
- Das richtige Tooling allein ist kein Allheilmittel. Die Leistungsfähigkeit von Self-Service Analytics ist mit einem tiefgreifenden organisatorischen Wandel, der Befähigung der Mitarbeitenden und der richtigen Mischung aus „Self-Service" und „Zentralisierung" verbunden.

Allerdings gilt auch in Zeiten von KI: Ohne ein gutes Datenmodell und einen sogenannten „semantischen Layer" (die Businessrepräsentation der Daten in verständlichen Namen und Konzepten) hilft auch KI-gestütztes Self-Service Analytics nicht, um relevante Insights gewinnen und Optimierungen anstoßen zu können.

2.4.2 Der automatisierte BI-Spezialist?

Ein zukunftsorientiertes Konzept für Self-Service Analytics wird für Unternehmen zwar elementar sein, bedeutet aber nicht, dass es keine übergreifenden Dashboards mehr geben sollte. Wenige wichtige, von mehreren Benutzer:innen frequentierte Sichten auf die Unternehmenszahlen muss es weiterhin geben und auch hierfür kann ChatGPT eingesetzt werden.

Das Tool kann schon heute aus Scribbles oder Anweisungen komplette (nicht schöne) Dashboards erstellen (Abb. 2.6):

Die so generierten Dashboards bieten einen Schnellstart, um innerhalb kürzester Zeit greifbare Prototypen zu entwickeln. Gerade in Workshops oder in der Konzeptionsphase kann es helfen, zügig erste Visualisierungen zu haben, um Feedback einzuholen und eine Diskussionsgrundlage zu schaffen. Um ein wirklich ansprechendes Dashboard zu bauen, bedarf es jedoch wieder Expert:innenwissens. Umgekehrt ist

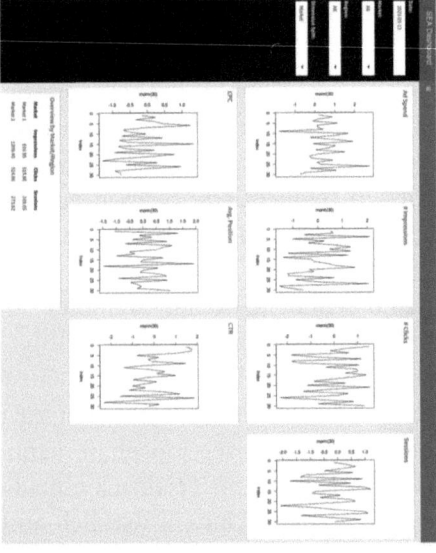

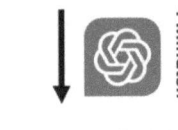

Abb. 2.6 Scribble eines Dashboards und das daraus KI-generierte Dashboard. (Der Prompt lautete „Analysiere das gegebene Scribble eines Dashboards und generiere einen passenden Code in R Shiny." Der generierte Code wurde ohne Anpassungen in R (manuell) ausgeführt und das Dashboard auf der rechten Seite damit generiert. Zeitaufwand: weniger als 4 min.)

ChatGPT auch in der Lage, Detailinformationen aus Graphen zu lesen und daraus erste Interpretationsvorschläge zu generieren, was damit auch das nachgelagerte Arbeiten mit den Dashboards vereinfachen kann.

Darüber hinaus kann jede:r von uns – auch ohne Programmierkenntnisse – sogenannte CustomGPTs (OpenAI) erstellen[2], die uns helfen, themenspezifische Dashboards und viele andere Anwendungen zu generieren. Über einen Link zu einer Datenbank oder Website können relevante, kontextspezifische Informationen eingebunden oder Apps direkt angesteuert werden, z. B. über die Einbindung des Workflow-Automation-Tools Zapier in GPT. Über einen Marktplatz können solche CustomGPTs, die von OpenAI oder der Community generiert wurden, abgerufen und zur Verfügung gestellt werden.

Außerdem können mehrere Chatbots (in diesem Kontext „Agenten" genannt) kombiniert werden. Hierfür gibt es bereits erste Frameworks, die es Agenten ermöglichen, selbstständig miteinander zu interagieren, um die ihnen gestellten Aufgaben zu lösen. Die Agenten könnten bspw. ein Team mit verschiedenen Rollen – von Entwickler:innen oder Designer:innen bis hin zum Product Owner – repräsentieren.

Ist also der oder die BI-Spezialist:in damit obsolet? Klar ist, dass sich der Workflow von BI-Spezialist:innen entscheidend verändert und es größere Konkurrenz von weniger erfahrenen BI-Spezialist:innen und Tools geben wird, die bisher komplexere Aufgaben nicht übernehmen konnten. Allerdings machen LLMs nach wie vor Fehler, erstellen Lösungen, die dem Mittel der Trainingsdaten entsprechen und dadurch langweilig werden, und haben nur ein begrenztes Kontext- sowie Design-Verständnis. Hierfür braucht es auch weiterhin erfahrene Spezialist:innen.

---

[2] Anleitungen, wie das geht, gibt es zuhauf im Internet, z. B. hier: https://blog.hubspot.de/marketing/custom-gpt.

2.5 KI x Datenaktivierung

Im letzten Schritt des Data Value Loops, der Datenaktivierung, dreht sich alles um die tatsächliche Nutzung der Daten. Hier entsteht in der Regel der messbare Mehrwert der Datennutzung – entweder in Form von Umsatz(steigerung), der Aufwendung von weniger Ressourcen mit demselben Umsatz oder eines (besseren) Services für die Nutzer:innen. Die Datenaktivierung umfasst einerseits datenbasierte Entscheidungen und andererseits die Automatisierung von Prozessen. Sie beinhaltet immer konkrete Handlungen und nicht nur das Anhäufen von Informationen und Erkenntnissen.

Im Bereich Datenaktivierung ist bereits sehr viel KI im Einsatz, häufig ohne dass wir uns dessen bewusst sind. Dennoch wird es hier in der Zukunft noch viele Verbesserungspotenziale und neue Möglichkeiten geben – nicht zuletzt durch die ständige Weiterentwicklung der Modelle.

Beispiele für einen sinnvollen Einsatz von KI bei der Datenaktivierung, die in Zukunft für mehr und mehr Unternehmen erschwinglich und realisierbar sein werden:

- **Personalisierung:** KI hilft uns, bessere und zielgerichtete Empfehlungen zu geben, z. B. können anhand der Beschreibung des eigenen Kleidungsstils oder eines Fotos Vorschläge für passende Kleidungsstücke gemacht werden.
- **Kundenservice:** Ticketanfragen von Kund:innen können automatisiert beantwortet werden. Call-Center-Mitarbeitende können durch KI-Assistenten ersetzt werden, die verschiedene Sprachen sprechen und auf bereits bekannte Anfragen automatisch antworten.
- **Optimierungsmodelle:** Optimierung der Werbeausgaben durch gezielte Platzierung von Anzeigen dort, wo sie die größte Wirkung entfalten können.

Zwei Themen sind bzgl. der Datenaktivierung für Marketing- und Web-Analyst:innen sowie die strategische Ebene gleichermaßen relevant: Einerseits das Thema AdTech und Programmatic Advertising, andererseits das Thema Einführung und Betrieb einer CDP. Bei beiden gibt es eine große Schnittmenge an operativen wie strategischen Fragestellungen und bei beiden sollte ein Grundverständnis herrschen, wo und wie KI in diesen Kontexten Anwendung findet.

2.5.1 KI und AdTech

Technisch kann die Datenaktivierung durch Advertising Technology (AdTech) erfolgen (Abb. 2.7). Unter AdTech versteht man die Gesamtheit an Technologien, die zur Steuerung und Verwaltung von Werbung über unterschiedliche Kanäle hinweg (Video, Mobile, Social etc.) eingesetzt werden können. AdTech umfasst eine Reihe unterschiedlicher Funktionen wie das Targeting, das Gebotsmanagement, die Analyse sowie die Optimierung und Automatisierung von digitaler Werbung. Zielsetzung von AdTech ist es, durch die angesprochenen Funktionen sowohl die Effektivität (z. B. Auswahl der richtigen Maßnahmen zum richtigen Zeitpunkt basierend auf einer umfassenden Kenntnis der

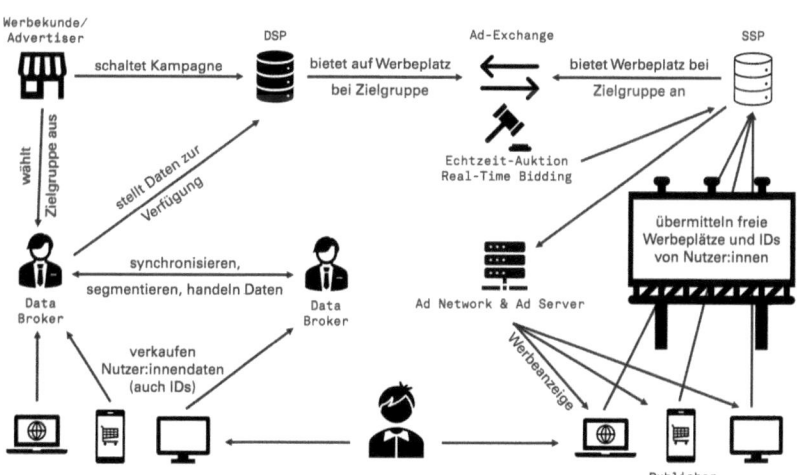

Abb. 2.7 Vereinfachte Darstellung des AdTech-Programmatic-Advertising-Kosmos (teilweise basierend auf Dachwitz & Meineck, 2024)

Zielgruppe) als auch die Effizienz (z. B. Automatisierung, Anlage und Ausspielung sowie Messung von Kampagnen) zu optimieren.

Eine wichtige Methode innerhalb von AdTech ist Programmatic Advertising. Hierbei handelt es sich um den automatisierten Kauf und Verkauf von Werbeplatzierungen (z. B. Werbebanner) durch den Einsatz von Algorithmen. Durch die automatisierte Analyse der vorliegenden Nutzer:innendaten kann eine bessere Platzierung der Anzeigen erreicht und die Anzeigen zielgerichteter sowie in Echtzeit ausgespielt werden. Plattformen, die im Programmatic Advertising genutzt werden, sind insbesondere Demand-Side-Plattformen (DSPs), Supply-Side-Plattformen (SSPs) sowie Ad Exchanges.

> **Beispiel: Funktionsweise DSP und SSP**
>
> Ein Online-Händler für Krawatten möchte Werbung schalten. Anstatt Werbeplätze manuell für das Online-Portal einer Zeitung zu kaufen, kann der Händler den Prozess auch automatisieren. Dazu meldet er sich auf einer DSP an, welche die Nachfrage von Werbetreibenden nach Werbeplätzen bündelt. Die DSP ist wiederum an einen Online-Marktplatz für Werbeplätze, einen Ad Exchange, angeschlossen.
>
> Gehen wir nun von einem potenziellen Interessenten für Krawatten aus, der ein Blog für Accessoires mit Werbeplätzen besucht. Ist die Webseite des Blogs an den Ad Exchange angeschlossen, so wird eine Anfrage an die DSP gesendet, um Interessenten an einer möglichen Werbeausspielung (Werbetreibende) zu finden. Das Interesse des Online-Krawattenhändlers an einem Werbeplatz wird ebenfalls automatisch übermittelt. Der Händler nimmt nun an einem Auktionsprozess zwischen verschiedenen Interessenten an diesem Werbeplatz teil. Sofern sein Gebot am höchsten ist und zudem über dem Mindestgebot liegt, das der Blogbetreiber über die SSP an den Ad Exchange übermittelt hat, erhält er den Zuschlag und seine Werbeanzeige wird dem Besucher auf dem Blog in Echtzeit ausgespielt.

Das Beispiel verdeutlicht, dass Algorithmen in den Auktionsprozess integriert sind, um z. B. das beste Angebot für einen spezifischen Werbeplatz zu bestimmen. Da die Berechnungen in Millisekunden erfolgen müssen und umfangreiche Datenmengen vorliegen, etwa im Hinblick auf vergangene Auktionen, wird KI beim Programmatic Advertising schon seit längerer Zeit eingesetzt und kontinuierlich weiterentwickelt.

Hierbei gelangen unterschiedliche Algorithmen des klassischen Maschinellen Lernens sowie Neuronale Netze zum Einsatz. Über Regressionen oder Support Vector Machines (SVM) können beispielsweise Aussagen zur Wahrscheinlichkeit gemacht werden, mit der ein:e Nutzer:in auf eine Werbeanzeige klickt. Algorithmen zur Clusterung, wie bspw. „k-means", können genutzt werden, um Nutzer:innengruppen zu segmentieren.

Im Folgenden sollen einige konkrete Anwendungsfälle von KI im Zusammenhang mit Programmatic Advertising vorgestellt werden:

- **Optimierung der ausgespielten Werbeanzeigen:** ML-Algorithmen sind darauf ausgerichtet, Muster in Daten zu erkennen. Im Zusammenhang mit Werbeanzeigen können ML-Algorithmen darauf trainiert werden, Werbeanzeigen zu identifizieren, die beim Vorliegen spezifischer Rahmenbedingungen (z. B. Zielgruppe, Tageszeit, …) diejenige Werbeanzeige auswählen, die in der Vergangenheit bei gleichen Rahmenbedingungen die höchste Conversion Rate erzielen konnte. Zum Einsatz gelangen können hier beispielsweise Reinforcement Learning-Algorithmen oder Gradient Boosting Machines (GBM).
- **Segmentierung von Nutzer:innen:** Nutzer:innensegmentierung ermöglicht ein gezielteres Ausspielen von Werbeanzeigen. Werden ML-Algorithmen wie etwa k-means verwendet, können Nutzer:innen anhand ihres Surfverhaltens unterschiedlichen Segmenten zugeordnet und dementsprechend bessere Werbeanzeigen an diese ausgespielt werden.
- **Automatisiertes Tagging:** ML-Algorithmen wie bspw. kNN (k-nearest neighbors) oder Naive Bayes können dazu verwendet werden, Objekte zu kategorisieren, d. h. ein vorliegendes Objekt entweder einer oder mehreren Klassen zuzuordnen. Eine Anwendung hierfür findet sich bei der Vertaggung von digitalem Content wie Texten oder Bildern. Eine manuelle Vertaggung geht mit einem hohen Aufwand einher. Trainiert man einen ML-Algorithmus auf einer ausreichenden Menge an manuell vertaggtem, digitalen Content, so kann

das erlernte Modell neuem Content automatisch Tags zuweisen. Ein Beispiel wäre die Zuweisung von Tags zu den Artikeln einer Zeitung oder eines Blogs. Sind diese Artikel vertaggt, kann bspw. native Werbung ausgespielt werden. Die Entwicklung von LLMs hat diesen Prozess stark vereinfacht: LLMs können ohne weiteres Training den Inhalt eines Artikels erfassen und diesem entsprechende Tags zuweisen. Gleiches gilt für Bilder, die inzwischen ebenfalls ohne spezifisches Training vertaggt werden können.

Die dargestellten Anwendungsfälle zeigen, dass unterschiedliche KI-Algorithmen zum Einsatz gelangen können, um Optimierungen, Kund:innensegmentierungen oder Automatisierungen vorzunehmen.

Geht man noch einen Schritt weiter, können sogar Werbeanzeigen dynamisch und personalisiert erstellt werden: Hierfür kommen insbesondere LLMs zum Einsatz, insofern das „Halluzinieren" sowie die Erstellung von „harmful content" ausreichend eingedämmt werden können. Dies ist zwar kein Teilbereich des Programmatic Advertising, steht aber mit diesem in engem Zusammenhang: Wenn automatisiert analysiert werden kann, welche Werbeanzeigen häufig geklickt werden und welche nicht, so können diese Erkenntnisse in einen automatisierten Erstellungsprozess für Werbeanzeigen einfließen.

Das Ende der Third Party Cookies und Chancen der KI
Bisher waren Third Party Cookies entscheidend für das Ausspielen von Werbung und insbesondere für das Re-Targeting. Doch die Ära dieser kleinen Textdateien, die auf dem Endgerät der Nutzer:innen gespeichert wurden und Werbetreibenden websiteübergreifend Tracking und Analyse erlaubten, ist vorbei.

Mit dem Wegfall von Third Party Cookies benötigen Werbetreibende nun Alternativen. Eine bereits seit vielen Jahren bestehende Möglichkeit ist das sogenannte „Kontextuelle Targeting" (Contextual Targeting). Beim Kontextuellen Targeting legt ein Unternehmen Schlüsselwörter fest, bei deren Auftreten im Text einer Webseite die eigene Werbung ausgespielt wird. So kann beispielsweise ein Hersteller von Autozubehör seine Werbung auf Webseiten von Publishern schalten lassen, die Artikel über Motorsport oder Neufahrzeuge veröffentlichen. Bislang wurde das Matching von Artikel und Werbeanzeige über Vertaggungen des Artikels sichergestellt. Dieses Vorgehen war allerdings mit Unsicherheiten und Unschärfen verbunden: Denn welcher Reifenhersteller möchte Werbung für seine Reifen in einem Rennsport-Artikel schalten, wenn es darin um einen Reifenplatzer ebendieser Marke geht und der Fahrer möglicherweise verletzt worden ist?

An dieser Stelle setzen Neuronale Netze in Form von LLMs an. Frühere Systeme konnten größere Kontexteinheiten wie Sätze oder Absätze nicht effektiv erfassen und interpretieren. LLMs sind nun aber in der Lage, sowohl den Inhalt eines Artikels als auch dessen Sentiment zu erkennen und darauf basierend eine automatisierte Vertaggung vorzunehmen. Durch dieses Vorgehen kann eine sehr viel genauere Übereinstimmung von Inhalt und Werbeanzeige erreicht werden. So kann KI beispielsweise erkennen, dass es sich zwar um einen Artikel mit Bezug zu Motorsport handelt, aber ein Unfall stattgefunden hat. In diesem Fall würde entweder gar keine Werbung ausgespielt oder zumindest nicht die Werbung eines Reifenherstellers, sondern z. B. Werbung einer Versicherung.

Zusammenfassend lässt sich sagen, dass KI bereits eine Schlüsselrolle in der Evolution des Programmatic Advertising gespielt hat und darin fest etabliert ist. Sie bietet darüber hinaus nicht nur Lösungen für die Herausforderungen, die durch den Verzicht auf Third Party Cookies entstehen, sondern eröffnet auch neue Möglichkeiten für personalisierte und kontextsensitive Werbestrategien.

2.5.2 KI und CDP

Customer Data Platforms (CDPs) sind Software-Lösungen, die den gesamten Value-Loop durch Tools und Analysen unterstützen. Sie sind in der Lage, eine Zusammenführung von strukturierten, halb-strukturierten und unstrukturierten Kund:innendaten aus einer Vielzahl unterschiedlicher Kanäle in einer einzigen Datenbank zu realisieren. Dies ermöglicht es, eine einheitliche und ganzheitliche Sicht auf die Kund:innen zu erhalten. CDPs arbeiten stark automatisiert und erlauben durch angebundene Tools eine Aktivierung der Kund:innendaten nicht nur für das Marketing oder den Kundenservice, sondern auch für verschiedene andere Unternehmensbereiche.

Betrachtet man den Markt für CDPs, lässt sich feststellen, dass diese nach unterschiedlichen Dimensionen differenziert werden können. Unterscheidet man nach der Funktion, lassen sich folgende drei CDP-Klassen benennen (Rashedi & Maurer, 2023, S. 48):

- **Daten-CDPs** bieten den kleinsten Funktionsumfang und erlauben eine Sammlung von Daten aus unterschiedlichen Quellen, eine Integration dieser Daten an einem Ort im Unternehmen sowie eine Aktivierung dieser Daten durch andere Tools, bspw. im Marketing.
- **Analytics-CDPs** sind auf die Durchführung unterschiedlicher Analysen ausgerichtet und erlauben eine Segmentierung von Kund:innen sowie prädiktive Modellierung. Sie können bspw. die wahrscheinlichen Aktionen des Kund:innensegments auf eine Maßnahme vorhersagen.
- **Kampagnen CDPs** besitzen den Funktionsumfang von Daten-CDPs und Analytics-CDPs und können Marketingkampagnen aufsetzen, ausspielen und evaluieren.

Eine Kampagnen-CDP kann entlang des gesamten Value-Loops unterstützen: Sie ermöglicht das Anschließen unterschiedlicher Quellen über APIs (= Datenerhebung), führt die Daten an einer zentralen Stelle zusammen, führt unterschiedliche (Vor-)Verarbeitungen durch (= Datenverarbeitung), erlaubt die Ausführung unterschiedlicher Analysen (= Datenanalyse) und ermöglicht eine Aktivierung von Daten, indem bspw. basierend auf den gesammelten Daten eine zielgenaue Kund:innenansprache durchgeführt wird (= Datenaktivierung).

Neben diesen drei CDP-Klassen gibt es als Alternative zu den Komplettlösungen noch sogenannte Composable CDPs. Analog zu den Prinzipien des Modern Data Stacks[3] (u. a. modulare Architektur für eine flexiblere und skalierbarere Datenverarbeitung) werden bei einer Composable CDP spezialisierte Softwarekomponenten kombiniert, die verschiedene Aspekte der Datenverarbeitung, -analyse und -aktivierung abdecken. Diese Komponenten können nach Bedarf erweitert oder ausgetauscht werden, um maßgeschneiderte Lösungen zu schaffen. Hierfür gibt es auch umfassende Open-Source-Lösungen. Die größere Flexibilität und teilweise geringeren Kosten gehen aber durch die verschiedenen Komponenten ggf. mit höherem Aufwand bei der Wartung und einer höheren Komplexität des Setups einher.

Bevor wir uns jedoch fragen, welche Rolle KI bei CDPs spielt, müssen wir verstehen, warum CDPs überhaupt eingesetzt werden: Stellen Sie sich vor, Sie sind Chief Marketing Officer in einem mittelständischen Unternehmen und sollen entscheiden, ob Ihr Unternehmen eine CDP implementieren soll oder nicht. Welche Gründe sprechen dafür? Sollte man das bereits bestehende, „alte" CRM-System ersetzen? Die meisten Unternehmen verwenden für die Pflege ihrer Kund:innenbeziehungen bisher sog. Customer Relationship Management (CRM) Tools. Diese sind allerdings nicht unbedingt auf die Arbeit mit großen Datenmengen oder sich schnell verändernden Daten (z. B. Echtzeitdaten einer Website) ausgelegt. Durch neue Methoden zur automatischen Generierung von Daten oder der immer genaueren Vermessung der digitalen Kund:innenreise nehmen die zu verarbeitenden Datenmengen jedoch drastisch zu. Dies bedeutet, dass für einzelne Kund:innen sehr viele Datenpunkte existieren, die für Entscheidungen und zur Sicherstellung einer positiven Kund:innenerfahrung berücksichtigt werden sollten.

Eine Analyse dieser umfangreichen Datenmengen ist durch den Einsatz von KI möglich (Big Data- und KI-Analytics). CDPs besitzen unterschiedliche Automatisierungsgrade, von z. B. „unintelligenten"

---

[3] Eine gute Übersicht, wie zeitgemäße Datenarchitekturen aufgebaut werden können, finden Sie bei Bornstein et al. (2020).

CDPs, die nach vordefinierten Regeln arbeiten, bis hin zu CDPs, in die KI bereits integriert ist. Welche Vorteile bietet nun die Integration von KI in eine CDP? Durch die Integration können mehr Daten verarbeitet und für die Entscheidungsfindung berücksichtigt werden. Dadurch können Unternehmen bessere Entscheidungen treffen.

> **Beispiel: CDP-Analyse**
>
> Gehen wir von einer weit verbreiteten Analyse aus, dem Customer Lifetime Value (CLV). Der CLV ist eine Kennzahl, die den geschätzten Gesamtwert repräsentiert, den ein Kunde während seiner Beziehung zu einem Unternehmen generieren wird. Dieser Wert berücksichtigt die erwarteten Umsätze, Gewinne und möglichen Kosten im Laufe der Zeit.
>
> Herkömmlicherweise, und damit in der Welt von CRM, werden für die Berechnung des CLV nur sehr wenige Eingangsdaten benutzt, bspw. soziodemografische Daten. Konkret heißt das: Das mögliche Potenzial eines Kunden wird über seine Zugehörigkeit zu einem Kund:innensegment bestimmt, welches über Faktoren wie das Alter oder das Geschlecht aufgespannt ist. Dies stellt eine sehr ungenaue Betrachtung dar.
>
> Stehen mehr Daten zur Verfügung, kann der CLV deutlich genauer bestimmt werden. Und genau das macht eine CDP: Sie kann berücksichtigen, aus welcher Quelle der Kunde die Website des Unternehmens betreten hat und dieses Datum als eine von vielen Eingangsgrößen für die CLV-Berechnung nutzen. So könnte es sein, dass Kund:innen, die über den Rabattcode eines Influencers auf die Seite kommen, lediglich einen einmaligen Einkauf tätigen und sich deswegen ein geringer CLV ergibt. Kund:innen, die über einen spezifischen Werbepartner akquiriert worden sind, können wiederum eher treu sein und damit über ein hohes Potenzial verfügen.
>
> Kurzum: Stehen mehr Daten zur Verfügung, können genauere Einsichten gewonnen sowie bessere Entscheidungen getroffen und Maßnahmen umgesetzt werden.

Der Vorteil einer KI-Integration ist das Erkennen von Mustern und Zusammenhängen in den Kund:innendaten, die ein Mensch – u. a. aufgrund der vielen Daten über einzelne Kund:innen – niemals identifiziert hätte. Dies zeigt sich bspw. bei der Kund:innensegmentierung, die herkömmlicherweise entlang weniger im Vorfeld definierter Merkmale realisiert wird, z. B. der Umsatz bei der ABC-Analyse oder die Kaufhäufigkeit, der Zeitpunkt des letzten Einkaufes oder die Größe des Warenkorbs bei der RFM-Analyse. Ein solches Vorgehen ist zweifelsohne effizient: durch eine Kund:innensegmentierung werden diese zu Gruppen zusammengefasst, die ähnliche Eigenschaften oder ein ähnliches Verhalten aufweisen. Dadurch grenzen sie sich von anderen Gruppen ab und können durch gezieltere Maßnahmen angesprochen werden. Fraglich ist allerdings, ob eine Segmentierung auf Basis vordefinierter Kriterien auch effektiv ist: Sind die gewählten Kriterien tatsächlich diejenigen, die eine bestmögliche Unterscheidung von unterschiedlichen Kund:innengruppen erlauben? Wir haben am Beispiel der CLV-Berechnung gesehen, dass ein Mehr an Daten zu genaueren Ergebnissen und somit besseren Entscheidungen führen kann. Gleiches gilt für die Kund:innensegmentierung, wenn hierfür Algorithmen des Maschinellen Lernens eingesetzt werden: Ausgangspunkt für eine solche Segmentierung stellen umfangreiche Kund:innendaten dar. Diese können sowohl soziodemografische, psychografische oder verhaltensbezogene Merkmale umfassen, z. B. Daten zum Alter, zum Einkommen, der Dauer der Kund:innenbeziehung sowie zu vergangenen Einkäufen. Auf diesen Datensatz wird nun z. B. der k-means-Algorithmus angewandt. Hierbei handelt es sich um eine unüberwachte Variante des Maschinellen Lernens, die zur Clusterung genutzt werden kann. Clusterung bedeutet, dass die Datenpunkte eines großen Datensatzes zu Gruppen geordnet werden. Diese Gruppen sind in sich möglichst homogen, also ähnlich, und verhalten sich zueinander möglichst heterogen, also unähnlich – letztendlich also genau das Ergebnis, das wir auch mit einer Segmentierung erreichen wollen (siehe Beispiel Kund:innensegmentierung über Cluster-Analyse).

Beispiel: Kund:innensegmentierung über Cluster-Analyse

Clustering über den k-means-Algorithmus lässt sich wie folgt beschreiben (Wuttke, 2023; DATAtab, 2024):
1. Bestimmung der Anzahl der Cluster (Variable k) durch den Anwender. Dies entspricht der Anzahl der Gruppen bzw. Kund:innensegmente, die wir als Ergebnis haben möchten.
2. Zufällige Festlegung von Datenpunkten als Zentren der Cluster. Diese werden als Zentroide bezeichnet. Für diese Festlegung gibt es unterschiedliche Vorgehensweisen, die an dieser Stelle nicht weiter beschrie-

ben werden sollen. Festzuhalten ist aber, dass die Qualität des Endergebnisses maßgeblich von der Wahl der Zentroiden abhängt.
3. Zuordnung der übrigen Datenpunkte zum Zentroid mit dem geringsten Abstand. Konkret bedeutet das, dass die Datenpunkte nach Ähnlichkeit zu einem ersten Cluster zusammengeführt werden.
4. Berechnung eines neuen Zentroiden für jedes Cluster. Auswahlkriterium ist, dass das neue Zentroid den geringsten Abstand zu allen übrigen Datenpunkten des Clusters aufweist.
5. Wiederholung des Vorgehens, solange sich eine Veränderung des Clusterzentrums ergibt. Hierzu erfolgt ein iteratives Vorgehen ab dem dritten Schritt. Ändert sich das Clusterzentrum nicht mehr, so wird der Prozess beendet und die Cluster sind endgültig.

Wendet man diesen Algorithmus für eine Kund:innensegmentierung an, resultieren die Cluster nicht auf Basis vordefinierter Kriterien, sondern ergeben sich aus der Gesamtheit der verwendeten Daten. Die resultierenden Kund:innensegmente müssen in der Folge jedoch von einem Menschen interpretiert werden.

IHR TRANSFER IN DIE PRAXIS

- Erstellen Sie eine Liste, in welcher Phase des Datenwertschöpfungs-Loops Sie schon KI im Einsatz haben.
- Überlegen Sie sich auf Basis der hier genannten Einsatzmöglichkeiten und unter Einbezug Ihrer Unternehmensziele, für welche konkreten Zwecke Sie gerne KI einsetzen würden.
- Evaluieren Sie, woran der Einsatz von KI in Ihrem Unternehmen derzeit scheitert bzw. was die größten Hindernisse sind (Ressourcen, KI-Kompetenz, Legacy-Systeme, schlechte Datenqualität etc.).
- Stellen Sie die möglichen Einsatzbereiche für KI in Ihrer Abteilung/Ihrem Unternehmen dem Aufwand gegenüber, den es bedeuten würde, die bisherigen Hindernisse zu beseitigen. Priorisieren Sie die Einsatzmöglichkeiten anhand einer Impact-Effort-Matrix.
- Treten Sie mit der Priorisierung an diejenige Stelle heran, die die Entscheidung für den KI-Einsatz treffen oder begünstigen kann.

Literatur

Bornstein, M., Li, J., & Casado, M. (15. Oktober 2020). *Emerging Architectures for Modern Data Infrastructure.* a16z. https://future.a16z.com/emerging-architectures-modern-data-infrastructure/. Zugegriffen: 10. Jan. 2024.

Dachwitz, I., & Meineck, S. (5. Januar 2024). *Die Akte Xandr: Ein tiefer Blick in den Abgrund der Datenindustrie* [Video]. YouTube. https://youtu.be/1FS e9b8pZyA?si=yYndE1FlnQZBd5uM&t=435. Zugegriffen: 14. Jan. 2024.

DATAtab. (2024). *k-Means Clusteranalyse.* https://datatab.de/tutorial/k-means-clusteranalyse. Zugegriffen: 10. Jan. 2024.

Gartner. (1. August 2023). *Gartner Identifies Top Trends Shaping the Future of Data Science and Machine Learning.* https://www.gartner.com/en/newsroom/press-releases/2023-08-01-gartner-identifies-top-trends-shaping-future-of-data-science-and-machine-learning. Zugegriffen: 8. Jan. 2024.

Greiner, R., Berger, D., & Böck, M. (2022). Analytics und AI – Datenprojekte mehrwertorientiert, agil und nachhaltig planen und umsetzen. Springer Gabler.

Kroker, M. (21. Oktober 2020). 70 Prozent der Daten, die deutschen Firmen zur Verfügung stehen, werden nicht genutzt. *WirtschaftsWoche.* https://blog.wiwo.de/look-at-it/2020/10/21/70-prozent-der-daten-die-deutschen-firmen-zur-verfuegung-stehen-werden-nicht-genutzt/. Zugegriffen: 8. Jan. 2024.

Rashedi, J., & Mauer, L. (2023). Customer-Data-Plattformen: Grundlagen, Systeme, Implementierung und Prozesse. Springer Fachmedien https://doi.org/10.1007/978-3-658-40540-3.

Southekal, P. (25. September 2020). Illuminating Dark Data In Enterprises. *Forbes.* https://www.forbes.com/sites/forbestechcouncil/2020/09/25/illuminating-dark-data-in-enterprises/?sh=6f62b575c36a. Zugegriffen: 8. Jan. 2024.

Wuttke, L. (2023). *Kundensegmentierung: Beispiel mit K-Means.* datasolut. https://datasolut.com/clusteranalyse-kundensegmentierung-beispiel/. Zugegriffen: 9. Jan. 2024.

3 Risiken und Chancen für den Einsatz von KI im Unternehmen

> **WAS SIE AUS DIESEM KAPITEL MITNEHMEN**
>
> - Welche wirtschaftlichen, ethischen und ökologischen Risiken und Chancen Sie beim Einsatz von KI berücksichtigen sollten
> - Wieso eine Kosten-Nutzen-Abwägung erfolgen sollte, bevor ein KI-Projekt gestartet wird
> - Welche Risiken von Deep Fakes ausgehen und nach welchen Kriterien Sie Bilder oder Videos überprüfen können
> - Wieso Datenschutz und Datensparsamkeit für die wirtschaftliche, gesellschaftliche und ökologische Dimension relevant sind

3.1 Wirtschaftliche Risiken und Chancen

Risiken

- **Hohe Implementierungskosten:** Die Einführung von KI-Lösungen im Analytics-Bereich kann mit erheblichen Kosten verbunden sein, sowohl in Bezug auf die Technologie selbst als auch auf Schulungen, Integration in bestehende Systeme, Energie- und Wartungskosten,

die Erfüllung von Dokumentations- und Transparenzpflichten sowie Unsicherheiten bzgl. der weltweiten Regulierungen.
- **Fehlende Rendite:** Unternehmen laufen Gefahr, dass ihre möglicherweise hohen Investitionen in KI-Analytics-Anwendungen nicht die erwartete Rendite erzielen, insbesondere wenn die Implementierung nicht gut durchdacht oder die vorhandenen Daten mangelhaft sind. Eine schlechte Datenqualität kann auch in KI-Anwendungen zu falschen Analysen und Entscheidungen führen. Die Sinnhaftigkeit und der Mehrwert des Einsatzes von KI sollten daher vor einem KI-Projekt gut evaluiert werden.
- **Datensicherheit:** Der unsachgemäße Umgang mit Daten in KI-Anwendungen kann zu Datenschutzverletzungen führen, was nicht nur finanzielle Verluste, sondern auch Reputationsschäden für das Unternehmen nach sich ziehen kann.
- **Haftungsfragen:** Der Einsatz von KI-Systemen kann zu komplexen Haftungsfragen führen, insbesondere wenn fehlerhafte Entscheidungen getroffen werden und Schäden entstehen. Es ist oft unklar, wer rechtlich verantwortlich ist – der Hersteller, der Anwender oder beide?

Chancen

- **Effizienzsteigerung:** Durch die KI-gestützte Analyse von Daten können Unternehmen ihre betriebliche Effizienz verbessern, Prozesse optimieren und dadurch Kosten senken. Auch die Einsparung von Mitarbeitenden könnte hier *zunächst* als Chance gesehen werden.
- **Innovationsförderung:** Die KI-gestützte Analyse von Daten kann die Innovationskraft fördern, da Unternehmen durch das Verständnis von Kund:innenbedürfnissen, -verhalten oder -feedback innovativere Produkte und Dienstleistungen entwickeln können. Dies kann zu einem nicht unerheblichen Wettbewerbsvorteil führen.
- **Kundenbindung:** Durch KI-generierte Erkenntnisse können Unternehmen mit personalisierter Ansprache und verbesserten Kund:innenerfahrungen ihre Kund:innenbindung stärken, was langfristig zu wiederkehrenden Käufer:innen, besserem Customer-Lifetime-Value (CLV) und positiven Bewertungen führen kann.

- **Echtzeit-Optimierung:** Durch kontinuierliche Analyse und Modellierung können Unternehmen ihre Online-Strategien in Echtzeit anpassen, um auf Trends, Nutzer:innenverhalten und Marktanforderungen zu reagieren (z. B. beim Dynamic Pricing).

3.2 Ethische und gesellschaftliche Risiken und Chancen

Risiken

- **Algorithmische Diskriminierung:** Wenn Algorithmen auf voreingenommenen Daten trainiert werden, können sie bestehende Vorurteile und Diskriminierungen verstärken. Häufig zeigen z. B. Bewerbungs-Algorithmen aufgrund von historischen Daten geschlechtsspezifische Diskriminierung. Die Aufbereitung der Trainingsdaten und das Finetuning der Modelle avancieren daher immer mehr zur eigenen Disziplin. Werden Benachteiligungen öffentlich, kann dies auch zu Reputations- und wirtschaftlichen Schäden führen.
- **Mangelnde Transparenz und Kontrolle:** Intransparente Algorithmen und undurchsichtige Entscheidungsprozesse können das Vertrauen der externen und internen Nutzer:innen untergraben. Interne Anwender:innen in den Analytics-Abteilungen können den KI-Systemen schlecht vertrauen, wenn sie nicht wissen, wie Resultate zustande gekommen sind. Transparenzpflichten sollen dem entgegenwirken, müssen aber auch verständlich umgesetzt werden. Bis ins kleinste Detail wird es vermutlich keine komplette Erklärbarkeit geben, allerdings gibt es vielversprechende Methoden wie die sog. Concept Relevance Propagation (Achtibat et al., 2023), bei der Entscheidungsprozesse der KI erklärbar gemacht werden können.
- **Digitaler Kolonialismus:** Viele Modelle werden auf Daten aus dem Globalen Süden trainiert, da es dort weniger Datenschutzgesetze gibt. Auch für das Labelling der Trainingsdaten sowie das Finetuning – um Hate Speech, Bias, und illegale Antworten zu vermeiden – werden sogenannte Click-Worker von den großen AI-Firmen unter miserablen Bedingungen eingesetzt (Peer, 2023).

- **Manipulative Einflussnahme:** Die Verwendung von KI-gestütztem Data Analytics für personalisierte Inhalte und Werbung kann zu Manipulationen führen, indem Nutzer:innen gezielt mit Informationen konfrontiert werden, die ihre Meinungen beeinflussen sollen. Wir erinnern uns alle an den Cambridge-Analytica-Skandal, der von der Whistleblowerin Brittany Kaiser aufgedeckt wurde. Die Erstellung von gefälschten Inhalten (z. B. Deep Fakes) zur Manipulation von Meinungen könnte zu gesellschaftlichen Spannungen und politischer Instabilität führen.

Deep-Fake-Kompetenz

Eine wichtige Kompetenz in unserem Privat- und Berufsleben wird es künftig sein, mit sogenannten Deep Fakes umzugehen. Mit Tools wie „ElevenLabs" reicht schon ein wenigsekündiger Soundschnipsel einer Person, um eine KI alles mit dieser Stimme machen zu lassen. Digitalexpertenurgestein Sascha Lobo hat dies in der Talksendung „Markus Lanz" am 3. Mai 2023 eindrücklich demonstriert, als er spontan mit der Stimme des Bundeskanzlers über sein Smartphone erklären ließ, dass die Exekutivgewalt der Bundesregierung an Präsident Putin übergeben werde (Lobo, 2023, S. 264). Uff.

Für Sie persönlich kann das bedeuten, dass Betrüger:innen Sie jederzeit mit der Stimme Ihres Vorgesetzten anrufen und eine Anweisung zur Überweisung eines hohen Betrages geben können. Das mag für Sie in Ihrer Abteilung nun nicht zutreffen, aber durch die Möglichkeit, solche Fakes sehr schnell zu erzeugen, wird es bei einigen Menschen ganz gut klappen.

Dabei geht es bei Deep Fakes plötzlich nicht mehr nur um Stimmenimitation und künstlich erzeugte, aber täuschend echte Bilder – wir denken jetzt alle an Papst Franziskus im Balenciaga-Mantel –, sondern auch um Videos, die bisher außerhalb von CGI-Studios nur sehr schwer künstlich zu erzeugen waren.

Wir können Transparenzregeln und Kennzeichnungspflichten zwar rechtlich einfordern (siehe z. B. EU AI Act), aber in der Realität werden wir uns in sehr naher Zukunft immer mehr mit künstlich generierten Inhalten konfrontiert sehen, deren Echtheit wir nicht immer eindeutig bewerten werden können.

Methoden zur Verifikation und Falsifikation müssen daher ein elementarer Teil der AI-Literacy sein. Tipps für den Umgang mit womöglich KI-generierten Inhalten:

> - Kontext und Metadaten lesen lernen und folgende Fragen stellen:
>   - Kann dieses Bild zu diesem Zeitpunkt an diesem Ort (Uhrzeit, Jahreszeit, Sonnenstand/Himmelsrichtung, Wetter, ...) entstanden sein?
>   - Wer ist die Quelle der Information, ist sie vertrauenswürdig und welche Motivation könnte hinter der Verbreitung stecken?
>   - Gibt es weitere Quellen, die mir helfen, die Information zu verifizieren?
> - Verifizieren der Authentizität bevor Inhalte weiter geteilt werden, um die Verbreitung zu vermeiden
> - Tools zur Verifizierung mit Vorsicht genießen: Forschung und Entwicklung werden vmtl. nicht mit der Geschwindigkeit von GenAI mithalten können.

- **Arbeitsplatzverlust:** Automatisierung durch KI kann zu einem Verlust traditioneller Arbeitsplätze führen, was soziale Herausforderungen und wirtschaftliche Ungleichheit verstärken und auch dem Ruf des Unternehmens schaden kann.
- **Abhängigkeit von Technologie:** Eine zu starke Abhängigkeit von KI könnte zu einer gesellschaftlichen Vulnerabilität führen, insbesondere wenn Technologien nicht sicher oder nicht verfügbar sind. Ein zentraler Begriff in diesem Zusammenhang ist „Automation Complacency" (dt. ~Automatisierungs-Selbstzufriedenheit). Dieser Effekt stellt sich ein, wenn wir uns so sehr auf Technologien wie KI verlassen, dass wir nachlässig werden, Fehler und Warnsignale übersehen und auch die eigenen Problemlösungskompetenzen verlernen (vgl. Carr, 2014).
- **Digitale Spaltung:** Im Gegensatz zu einigen großen Unternehmen haben kleinere Unternehmen kaum eine Chance, ein eigenes Modell zu trainieren oder solche großen Datenmengen für ihre Analysen zu nutzen wie Big Tech. Das vergrößert den Wettbewerbsvorteil der Silicon-Valley-Monopolisten weiterhin. Auf individueller Ebene werden Menschen abgehängt, die mit den neuen Anwendungen nicht umgehen können. Es fehlt an technischen Kompetenzen, Zugang zu konkreten Anwendungen, dem grundlegenden Vokabular sowie flächendeckenden Bildungsangeboten für diejenigen, die nicht ohnehin schon bei Udemy die Data-Science-Einsteigerkurse absolviert haben.

Chancen

- **Bildung und Wissenszugang:** KI kann den Zugang zu Informationen verbessern und personalisierte Lernpläne erstellen. Dies kann dazu beitragen, Wissen im Unternehmen, aber auch darüber hinaus, leichter zugänglich und verständlich zu machen.
- **Verbesserte digitale Nutzer:innenerfahrung:** Durch KI-gestütztes Web Analytics und individualisiertes UX-Design kann eine personalisierte Erfahrung geschaffen werden, die den Bedürfnissen und Präferenzen der Nutzer:innen entspricht.
- **Fairness und Gerechtigkeit:** Durch die Implementierung ethischer Algorithmen und Standards können Unternehmen dafür sorgen, dass Analysen und Entscheidungen fair und frei von Diskriminierung sind – in vielen Fällen sogar ethischer und diskriminierungsfreier als bei Entscheidungen, die von einzelnen Menschen getroffen werden.

3.3 Ökologische Risiken und Chancen

Risiken

- **Energieverbrauch:** Training und Betrieb von leistungsstarken KI-Systemen erfordern riesige Mengen an Rechenleistung. Natürlich hängt das vom Modell und weiteren Faktoren ab, doch als Faustregel hat sich etabliert, dass das Training eines Sprachmodells ungefähr so viel CO_2-Emissionen verursacht wie fünf Verbrennerautos in ihrer Lebenszeit oder etwa zwei Drittel so viel wie ein Mensch in seinem gesamten Leben (Strubell et al., 2019, S. 1).
- **Elektronikschrott:** Der schnelle technologische Fortschritt führt zu einem beschleunigten Austausch von Hardware. Dies führt zu einem Anstieg von Elektronikschrott, wenn veraltete Systeme entsorgt werden.
- **Ressourcenabbau:** Die Herstellung von Hardware-Komponenten für Computer- und KI-Systeme erfordert den Abbau von Rohstoffen, wie Seltenen Erden, der zum Teil menschenrechtswidrige, kriegerische, katastrophale ökologische und tödliche Folgen hat. Nicht zufällig spricht

man in diesem Zusammenhang von sogenannten „conflict minerals" (Crawford, 2021, S. 34).
- **Wasserverbrauch:** Der Einsatz von KI erfordert nicht nur viel Strom, sondern auch viel Wasser zur Kühlung der Rechenzentren. Dies kann zu Wasserknappheit und Umweltproblemen in einigen Regionen führen, die eventuell ohnehin schon unter Dürre leiden (Crawford, 2021, S. 44–45).

Chancen
- **Effiziente Ressourcennutzung:** KI kann dazu beitragen, Ressourcen effizienter zu nutzen – sei es in der Lieferkettenoptimierung oder im Energiemanagement von Produktionsanlagen, was langfristig zu ökologischen Einsparungen führen kann. Durch den Einsatz von KI in der Abfallwirtschaft und im Recycling können Unternehmen effizientere Prozesse schaffen, um den Elektronikschrott zu reduzieren und Ressourcen wiederzuverwenden.
- **Umweltüberwachung:** Durch den Einsatz von KI in der Umweltüberwachung können Unternehmen ökologische Daten effektiver sammeln und analysieren, um umweltfreundlichere Praktiken zu fördern.

IHR TRANSFER IN DIE PRAXIS

- Seien Sie sich der Risiken und Chancen bewusst und entscheiden Sie, welche Auswirkungen die einzelnen Risiken und Chancen auf Ihre Firma haben.
- Teilen Sie die Risiken und Chancen im Unternehmen, um das notwendige Problembewusstsein bei allen Mitarbeitenden zu verankern.
- Besetzen Sie eine Taskforce, die sich um eine tiefgreifende Analyse der für Sie relevantesten Risiken kümmert, um darauf aufbauend Lösungen zur Vermeidung erarbeiten zu können.
- Machen Sie eine Abwägung der Risiken und Chancen für Ihren individuellen Fall bevor Sie ein KI-Projekt starten.
- Erarbeiten Sie Standards und Guidelines und führen Sie regelmäßig – auch für bestehende KI-Anwendungen – Audits durch.

Literatur

Achtibat, R., Dreyer, M., & Eisenbraun, I. et al. (2023). From attribution maps to human-understandable explanations through Concept Relevance Propagation. *Nat Mach Intell,* 5, 1006–1019. https://doi.org/10.1038/s42256-023-00711-8.

Carr, N. (2014). *Abgehängt – Wo bleibt der Mensch, wenn Computer entscheiden?* Hanser

Crawford, K. (2021). *Atlas of AI – Power, Politics, and the Planetary Costs of Artificial Intelligence.* Yale University Press.

Lobo, S. (2023). *Die große Vertrauenskrise – Ein Bewältigungskompass.* Kiepenheuer & Witsch.

Peer, M. (30. Juni 2023). Wie eine Million Clickworker Googles KI für Niedriglöhne trainieren. *Handelsblatt.* https://www.handelsblatt.com/technik/it-internet/appen-wie-eine-million-clickworker-googles-ki-fuer-niedrigloehne-trainieren/29225530.html. Zugegriffen: 2. Jan. 2024.

Strubell, E., Ganesh, A., & McCallum, A. (2019). *Energy and Policy Considerations for Deep Learning in NLP.* https://arxiv.org/pdf/1906.02243.pdf. Zugegriffen: 4. Jan. 2024.

4

Governance in Zeiten von KI in Analytics – fünf konkrete Schritte

> **WAS SIE AUS DIESEM KAPITEL MITNEHMEN**
>
> - Wie Sie die Ziele Ihrer KI-Governance festlegen
> - Wie Sie Ihr Governance-Framework entwickeln
> - Wie Sie Verantwortlichkeiten bestimmen
> - Worauf Sie bei der Umsetzung Ihrer Governance-Initiative achten sollten
> - Wie Sie die Ergebnisse Ihrer Governance-Anstrengungen bewerten und weiter optimieren können

Der Begriff Governance steht für einen Ordnungsrahmen, den ein Unternehmen für sein eigenes Agieren definiert hat. Durch diesen Ordnungsrahmen soll verhindert werden, dass internen oder externen Stakeholdern durch das Unternehmenshandeln Schaden zugefügt wird. Dieser Ordnungsrahmen ist für unterschiedliche Ebenen zu spezifizieren: So muss ein Unternehmen Governance auf der Ebene des Gesamtunternehmens betrachten, aber auch für die IT (IT-Governance), den Umgang und die Verwendung von Daten (Data Governance) oder eben für KI (KI-Governance/ AI-Governance).

KI-Governance kann definiert werden als „a system of rules, practices, processes, and technological tools that are employed to ensure an organization's use of AI technologies aligns with the organization's strategies, objectives, and values; fulfills legal requirements; and meets principles of ethical AI followed by the organization." (Mäntymäki et al., 2022a, S. 604). Doch warum braucht es für KI einen spezifischen Ordnungsrahmen? Betrachten wir hierzu exemplarisch folgende Sachverhalte und Herausforderungen für Unternehmen:

- Ein Unternehmen muss sich die Frage stellen, wie es KI einsetzen möchte und wie genau KI dazu beitragen soll, strategische und operative Unternehmensziele zu erreichen.
- KI-Anwendungen stellen oftmals sogenannte „Black Boxes" für die Nutzer:innen dar. Das heißt, Nutzer:innen wissen nicht, wie eine KI zu einem bestimmten Ergebnissen kommt. Wie sollen Nutzer:innen mit solchen Prognosen oder Entscheidungen einer KI umgehen? Wie soll ein Unternehmen mit KI-Lösungen umgehen, die es nicht selbst erstellt hat und somit lediglich darauf vertrauen kann, dass ein Dritter eine verantwortungsvolle Black Box entwickelt hat?
- Regelmäßig lesen wir in den Medien von falschen Ergebnissen eines KI-Systems sowie von Bias, der zu einer Diskriminierung von Menschen führen kann. Wie kann dies verhindert werden? Und wie können wir damit umgehen, wenn es trotz aller Vorkehrungen dennoch passiert ist?
- Bei der Nutzung generativer KI-Systeme sahen sich Unternehmen bereits mit dem Abfluss sensibler Daten konfrontiert. Wie soll ein Unternehmen damit umgehen?
- Im Dezember 2023 einigte man sich in der EU auf das Gesetz über Künstliche Intelligenz, den AI Act. Welche Konsequenzen, Vorgaben und Aufgaben resultieren hieraus für Unternehmen?

Die genannten Aspekte stellen eine Auswahl an Herausforderungen und Fragestellungen für Unternehmen dar. Bei der Beantwortung kann ein KI-Governance-Framework helfen, für dessen Erstellung und Umsetzung wir einen fünfstufigen Prozess vorschlagen, bestehend aus der Zielbestimmung, der Erarbeitung des Frameworks, der Definition von Verantwortlichkeiten, der Umsetzung und Überwachung sowie der kontinuierlichen Weiterentwicklung.

4.1 Zielbestimmung

Der erste Schritt umfasst die Definition von Zielen, die durch KI-Governance erreicht werden sollen. Für die Festlegung von Zielen bieten sich zwei simultane Vorgehensweisen an:

1. **Ableitung von KI-Governance-Zielen aus übergeordneten Governance-Frameworks:** Zumindest größere Unternehmen sollten über ein Corporate-Governance-Framework verfügen, das die Basis für die KI-Governance bildet. Die KI-Governance ist jedoch gleichzeitig auch ein Sub-System der IT-Governance, da KI-Systeme letztendlich IT-Systeme mit spezifischen Fähigkeiten darstellen. Überschneidungen sind ferner mit der Data Governance gegeben, da für das Training von Systemen große Datenmengen notwendig sind und datenschutzrechtliche Bestimmungen eingehalten werden müssen (Mäntymäki et al., 2022a, S. 605–607).
2. **Ableitung von KI-Governance-Zielen aus den Bedürfnissen der Stakeholder:** Im Unternehmen können unterschiedliche Stakeholder vom KI-Einsatz betroffen sein, bspw. Manager, die mit KI-generierten Prognosen arbeiten, Mitarbeitende, die im operativen Geschäft mit KI-Systemen konfrontiert sind, IT-Personal und Einkauf, die KI-Systeme entwickeln oder für die Beschaffung verantwortlich sind, sowie nicht zuletzt Kund:innen, die direkt oder indirekt mit den KI-Systemen des Unternehmens zu tun haben.

Aus diesen beiden Richtungen kommend ist es möglich, die Perspektiven des Unternehmens, der Entscheider:innen, der Beteiligten und der Betroffenen zu berücksichtigen.

An dieser Stelle scheint sich die Katze in den Schwanz zu beißen, da in diesem Schritt einerseits die Stakeholder identifiziert werden sollen, aber andererseits schon im Vorfeld ein verantwortlicher Kreis an Personen für den KI-Governance-Prozess festzulegen war. Es hat sich in diesem Zusammenhang bewährt, dass in der initialen Arbeitsgruppe Unternehmensführung, KI- und IT-Sicherheitsexpert:innen, Bereichsleiter:innen, Datenanalyst:innen, HR, Rechtsexpert:innen sowie Compliance-Expert:innen beteiligt sind. Gegebenenfalls können auch Lead-User sowie Branchenvertreter:innen oder externe Berater:innen hinzugezogen werden.

Darüber hinaus sollte bereits im ersten Schritt darüber nachgedacht werden, über welche Messgrößen und Indikatoren die Erreichung der definierten Ziele gemessen werden kann.

4.2 Erarbeitung des KI-Governance-Frameworks

KI-Governance-Frameworks sind entlang einer Reihe von Dimensionen strukturiert, die die jeweiligen Zielsetzungen reflektieren. Auch wenn ein Rahmenwerk deshalb immer unternehmensindividuell zu betrachten ist, bietet sich die Berücksichtigung folgender Standard-Dimensionen an:

- **Normative Ebene:** Sie stellt sicher, dass die Werte der Unternehmensphilosophie sowie ethische und moralische Vorstellungen in das Framework Eingang finden. Gleichzeitig werden Standards definiert, denen der KI-Einsatz genügen muss, beispielsweise Fairness, Vermeidung von Bias etc.
- **Zielebene:** Diese Ebene stellt die Verbindung zwischen dem Einsatz von KI und den langfristigen Unternehmenszielen her. Letztendlich soll die Frage beantwortet werden, wie die Nutzung von KI dabei unterstützen kann, strategische Unternehmensziele zu erreichen bzw. besser zu erreichen.
- **Rechtliche Ebene:** Für den Einsatz von KI-Systemen bestehen rechtliche Rahmenbedingungen, etwa der bereits angesprochene AI Act. Die rechtliche Ebene des Frameworks stellt sicher, dass die externen Vorgaben (z. B. in Hinblick auf verbotene Anwendungen oder kennzeichnungspflichtige Systeme) berücksichtigt werden. Besondere Re-

levanz kommt dem Datenschutz, dem Urheberrecht sowie ggf. spezifischen branchenbezogenen Vorgaben zu.
- **Risikomanagement:** Wie auch für andere Ebenen und Bereiche des Unternehmens muss ein Risikomanagement installiert werden. Im Zusammenhang mit KI soll das Risikomanagement Folgendes leisten:

1. Potenzielle Gefahren identifizieren, die durch den Einsatz von KI entstehen können
2. Geeignete Systeme zur Bewertung von Risiken etablieren
3. Proaktive und reaktive Maßnahmen für den Umgang mit Risiken festlegen
4. Ein Berichts- und Dokumentationssystem initiieren.

- **Stakeholdermanagement:** Das Stakeholdermanagement umfasst geeignete Vorgehensweisen zur Kommunikation mit internen und externen Stakeholdern, die u. a. auch darauf ausgerichtet sind, Feedback zu den eingesetzten Systemen zu sammeln und zu systematisieren.
- **KI-Kompetenz:** Mitarbeitende müssen über die notwendigen Fähigkeiten und Kenntnisse sowie über ein ausreichendes Maß an Sensibilisierung für den Umgang mit und den Einsatz von KI verfügen. Hierzu müssen geeignete Maßnahmen getroffen werden (Art. 4 AI Act).
- **Operative Ebene:** Sie umfasst alle Tätigkeiten, die im Zusammenhang mit dem KI-Einsatz stehen. Frameworks nutzen häufig Lebenszyklusmodelle aus dem Bereich der Softwareentwicklung, um den Lebenszyklus einer KI zu beschreiben, z. B. Entwicklung der KI, Verifizierung und Validierung des entwickelten Systems, Deployment sowie Betrieb und Monitoring. Die erste Phase der Entwicklung kann wiederum in Planung, Datensammlung sowie Modellbildung und -interpretation unterteilt werden (Mäntymäki et al., 2022b, S. 11). Ausgehend von diesem Lebenszyklus können in der Folge konkrete Aufgaben identifiziert werden.

Bis auf die letzte Dimension zählen die genannten Dimensionen zur strategischen Ebene und sind für die meisten Unternehmen allgemein anwendbar. Die operative Ebene hingegen ist in hohem Maße unternehmensspezifisch, da es um den ganz individuellen Einsatz von KI-Systemen geht und auch darauf ankommt, ob ein Unternehmen KI-Systeme selbst entwickelt oder von Dritten bezieht. Wird eine KI selbst entwickelt, müssen auch Aspekte wie die Sicherstellung der Datenqualität, Data Cataloguing, Data Lineage oder die Sicherstellung des Datenschutzes berücksichtigt werden.

> **Datenqualität, Data Cataloguing, Data Lineage**
>
> **Datenqualität** beschreibt die Genauigkeit, Vollständigkeit, Aktualität oder Eignung von Daten für eine bestimmte Aufgabenstellung. Im Governance-Kontext ist die Datenqualität vor allem aus zwei Gründen wichtig: Sie sorgt einerseits für bessere Ergebnisse der KI und trägt dadurch andererseits dazu bei, das Vertrauen der Nutzer:innen in das KI-System zu stärken.
>
> **Data Cataloguing** erfasst den Datenbestand eines Unternehmens systematisch und erleichtert die Datenverwaltung, z. B. durch das Erfassen von Metadaten und die Erstellung eines Dateninventars. Da durch ein systematisches Data Cataloguing bspw. nur zulässige Daten für KI-Trainings genutzt werden, leistet es einen entscheidenden Beitrag zur KI-Governance und deren Umsetzung.
>
> **Data Lineage** erfasst die Herkunft von Daten und dokumentiert ihren Lebenszyklus. Data Lineage sorgt für Transparenz und zeigt die Veränderung von Daten über die verwendeten Systeme im Zeitablauf. Damit hilft Data Lineage u. a. dabei, die Datenqualität zu überwachen sowie Qualitätsprobleme schneller zu beheben.

KI-Governance-Frameworks werden dazu verwendet, klare Standards für den Einsatz und die Entwicklung von KI-Systemen zu definieren. Diese Standards sollten von definierten Werten sowie ethischen und moralischen Grundvorstellungen abgeleitet werden. Das Fraunhofer-Institut sieht etwa folgende Standards als Voraussetzungen einer vertrauenswürdigen KI (Poretschkin et al., 2021, S. 23–26):

- **Fairness:** Vermeidung von ungerechtfertigter Diskriminierung durch falsche oder verzerrte Trainingsdaten sowie verzerrende Algorithmen
- **Autonomie und Kontrolle:** Autonomie bezieht sich einerseits auf das Ausmaß der Autonomie des KI-Systems und andererseits auf den Handlungsspielraum, den die Nutzer:innen besitzen

- **Transparenz:** Nachvollziehbarkeit, Reproduzierbarkeit und Erkennbarkeit des KI-Systems bzw. der generierten Erkenntnisse
- **Verlässlichkeit:** Die eingesetzten Algorithmen müssen verlässlich sein, das Risiko fehlerhafter Prognosen muss so gering wie möglich gehalten sowie die Robustheit gegenüber bewussten oder unbewussten fehlerhaften Eingaben gefördert werden
- **Sicherheit:** Vermeidung von Schäden, die durch den Einsatz des Systems entstehen könnten sowie eine Absicherung gegenüber Angriffen
- **Datenschutz:** einerseits in den unterschiedlichen Phasen des Lebenszyklus (Entwicklung des Modells versus Betrieb des KI-Systems) relevant, andererseits im Hinblick auf die unterschiedlichen Arten der zu schützenden Daten (z. B. personenbezogene Daten, Geschäftsgeheimnisse)

4.3 Definition von Verantwortlichkeiten

Nachdem das Framework erarbeitet und abgestimmt ist, sollten im nächsten Schritt die Verantwortlichkeiten für die Umsetzung festgelegt werden. Die Verantwortlichkeiten ergeben sich normalerweise direkt aus den Aufgaben, mit denen die jeweilige Stelle ohnehin federführend betraut ist: So ergibt es beispielsweise Sinn, dass sich die Unternehmensführung mit der normativen Ebene und der Zielebene auseinandersetzt; die KI-Entwickler:innen sollten sich hingegen für die Robustheit und Transparenz der Algorithmen verantwortlich zeichnen. Bei vielen Aufgaben wird eine Zusammenarbeit notwendig sein, da ein Akteur alleine nicht den vollständigen Überblick besitzen kann. Dies trifft zum Beispiel auf die Datensammlung sowie die damit einhergehenden rechtlichen Bestimmungen zu. Aber auch bei der Zusammenarbeit gilt der alte Grundsatz: Verantwortung ist nicht teilbar. Letztendlich ist immer ein einzelner Akteur *in charge*.

4.4 Umsetzung und Überwachung

Im vierten Schritt erfolgt die konkrete Umsetzung derjenigen Maßnahmen, die durch das Framework definiert sind: Dazu gehören Schulungs- und Weiterbildungsmaßnahmen für Mitarbeitende unterschiedlicher Hierarchieebenen ebenso wie die Umsetzung und Operationalisierung der definierten Standards für die Entwicklung einzelner KI-Anwendungen. Letztendlich ist es der Kern dieses Schrittes, die definierten Richtlinien in die Strukturen und Prozesse des Unternehmens zu integrieren. So muss beispielsweise sichergestellt werden, dass gewisse Freigabeverfahren für KI-Systeme implementiert werden.

Gleichzeitig bedarf es eines Monitoring-Systems, das hilft, die Einhaltung der Verhaltensweisen, die durch das Framework definiert sind, zu überwachen. Hierunter darf man sich jedoch keine monolithische Lösung vorstellen. Vielmehr sind auf den einzelnen Ebenen und in den einzelnen Bereichen sehr unterschiedliche Systeme zu diesem Zweck zu verwenden. So muss beispielsweise ein System, das die Einhaltung der definierten Standards für KI-Systeme überwacht, eine vollkommen andere Gestalt aufweisen als ein Monitoring-System für das Stakeholdermanagement.

Schließlich ist im Rahmen der Überwachung auch die Zielerreichung zu überprüfen. Kommt es zu einem Gap zwischen definiertem Ziel und dem tatsächlich gemessenen Erfüllungsgrad, gilt es, die Ursachen hierfür zu identifizieren und in der Folge entweder die Ziele anzupassen (sofern diese zu ambitioniert waren) oder andere Maßnahmen zu definieren (sofern die Maßnahmen eine zu geringe Wirksamkeit aufwiesen).

Das folgende Beispiel vermittelt einen Eindruck, wie KI-Governance bei Alphabet Inc. umgesetzt und überprüft wird:

> **Beispiel: Responsible AI practices (Google, 2023)**
> 1. **Verwendung eines menschzentrierten Design-Ansatzes, um die Nutzer:innenerfahrung im Fokus zu haben:** Es sollte ein KI-Design gewählt werden, durch das die Nutzer:innen Klarheit und Kontrolle erfahren. Hierzu muss man verstehen, von welcher Person die KI-Lösung in welchem Kontext genutzt wird, um sie entsprechend zu gestalten.

Nutzer:innenfeedback sollte frühzeitig und fortlaufend bei der Entwicklung einbezogen werden.
2. **Nutzung unterschiedlicher Metriken:** KI-Systeme müssen in der Regel unterschiedlichen, teilweise widersprüchlichen Zielsetzungen gerecht werden (z. B. hohe Genauigkeit der Vorhersagen vs. geringer Bias). Die Verwendung verschiedener Metriken (Feedback, Umfragen oder quantitative Werte, z. B. Click-Through-Rate, CLV oder False-Positive-/False-Negative-Raten) hilft, die Zielsetzungen gegeneinander abzuwägen.
3. **Analyse der Rohdaten:** Rohdaten sollten sorgfältig analysiert werden, um Fehler identifizieren, die Eignung für die Aufgabenstellung überprüfen oder Verzerrungen erkennen zu können sowie um Bias zu vermeiden. Wenn datenschutzrechtliche Beschränkungen für die Rohdaten bestehen, sollten entsprechende Anonymisierungen oder Aggregate genutzt werden.
4. **Erkennen und Berücksichtigen der Grenzen:** Jedes KI-Modell ist für einen spezifischen Zweck mit spezifischen Daten entwickelt worden. Hieraus ergeben sich Einschränkungen, die wir verstehen müssen und an die Nutzer:innen kommunizieren sollten.
5. **Durchführung umfangreicher Tests:** Etablierte Tests aus den Bereichen Softwareentwicklung und Qualitätsmanagement sollten genutzt werden, um die Funktionsfähigkeit, Leistungsfähigkeit und Vertrauenswürdigkeit eines KI-Modells zu überprüfen.
6. **Kontinuierliche Überwachung:** Es ist nicht ungewöhnlich, wenn nach der Einführung eines Systems Probleme auftreten. Dies sollte bereits in der Planung berücksichtigt werden, sodass nach der Inbetriebnahme genügend Zeit und Ressourcen zur Verfügung stehen.

4.5 Kontinuierliche Weiterentwicklung

Ein Monitoring-System sollte ebenfalls sicherstellen, dass notwendige Daten und Informationen zur Weiterentwicklung der KI-Governance gewonnen werden können. Hierzu können unterschiedliche Quellen genutzt werden:

- Mitarbeitende, die Feedback über die Funktionsfähigkeit und die Angemessenheit von Vorgaben und Regeln geben können.
- Externe Stakeholder, die eine Rückmeldung zur Performance, Angemessenheit der Ergebnisse des Systems, zu Nutzungskontexten sowie zu gegebenenfalls auftretenden Fehlern und Herausforderungen geben können.

- Monitoring der Branche und von Wettbewerbern, um Informationen zu Best- und Worst-Practices zu gewinnen.

Die generierten Ergebnisse sind zu dokumentieren, damit diese für eine Weiterentwicklung zur Verfügung stehen.

Die hier beschriebenen fünf Schritte zur KI-Governance helfen Ihnen dabei, Ihre eigene KI-Governance im Unternehmen nun Schritt für Schritt anzugehen. Die tatsächliche Ausführung, kontinuierliche Überwachung und Verbesserung Ihrer Governance-Prozesse und -Konzepte erfordern jedoch nicht zu unterschätzenden personellen Aufwand. Daher werden im Bereich Data Governance und KI-Governance in den nächsten Jahren zahlreiche neue Stellen entstehen. Eine ausgeprägte KI-Kompetenz ist demnach nicht nur für die operative Anwendung von KI-Systemen (z. B. im Bereich Web Analytics) relevant, sondern stellt in Zukunft auch für eher strategische bzw. organisationale Berufsbilder eine entscheidende Qualifikation dar.

> **IHR TRANSFER IN DIE PRAXIS**
> - Wer sollte bei Ihnen im Unternehmen Teil einer initialen KI-Governance Taskforce sein?
> - Wie könnte diese Taskforce zusammenarbeiten und wie könnte ein erstes Treffen aussehen (z. B. Design Thinking Workshop zur Zieldefinition)?
> - Wann sollte die themenbezogene Taskforce in feste Zuständigkeiten und Verantwortlichkeiten übergehen?
> - Gibt es eigene strenge Vorgaben, ethische Standards oder nachhaltige Arbeitsweisen, mit denen Sie sich von Ihren Mitbewerbern absetzen und das Vertrauen Ihrer Kund:innen gewinnen können?

Literatur

Google. (2023). *Google Responsible AI Practices*. Google AI. https://ai.google/responsibility/responsible-ai-practices/. Zugegriffen: 10. Jan. 2024.

Mäntymäki, M., Minkkinen, M., Birkstedt, T., & Viljanen, M. (2022a). Defining organizational AI governance. *AI and Ethics, 2*(4), 603–609 https://doi.org/10.1007/s43681-022-00143-x.

Mäntymäki, M., Minkkinen, M., Birkstedt, T., & Viljanen, M. (2022b). *Putting AI Ethics into Practice: The Hourglass Model of Organizational AI Governance.* https://doi.org/10.48550/ARXIV.2206.00335.

Poretschkin, M., Schmitz, A., Akila, M., Adilova, L., Becker, D., Cremers, A. B., Hecker, D., Houben, S., Mock, M., Rosenzweig, J., Sicking, J., Schulz, E., Voß, A., & Wrobel, S. (2021). *Leitfaden zur Gestaltung vertrauenswürdiger Künstlicher Intelligenz (KI-Prüfkatalog).* Fraunhofer IAIS. https://publica.fraunhofer.de/handle/publica/30136.

ABCDEF

5

AI & Data Analytics trifft Recht: Clash of cultures oder living in harmony? – Gastbeitrag von Peter Hense/Tea Mustać

Peter Hense ist Partner bei Spirit Legal in Deutschland. Er berät namhafte nationale und internationale Unternehmen bei der Umsetzung digitaler Geschäftsmodelle in den Bereichen IT, AI, Datenschutz und Wettbewerbsrecht, insbesondere in Research & Development, E-Commerce, Automotive und Travel. Er ist spezialisiert auf Privacy Litigation und Privacy Engineering, insbesondere im Bereich von Advertising Technology.

Tea Mustać ist IP und Privacy Expert bei Spirit Legal in Deutschland. Sie berät nationale und internationale Unternehmen bei der Umsetzung fortgeschrittener Technologie, insbesondere KI-Systemen. Sie ist spezialisiert auf AI and Machine Learning Technology, AI Governance, IP und Datenschutz.

> **WAS SIE AUS DIESEM KAPITEL MITNEHMEN**
>
> - Welche rechtlichen Entwicklungen im Bereich von Data Procurement und Data Analytics zu erwarten sind
> - Was der AI Act ist und was er für den Bereich Data Analytics bedeutet
> - Grundlegende Schritte zur Bewertung der Anwendbarkeit des Gesetzes auf spezifische Praktiken durch Fallstudienanalysen
> - Welche besonderen Pflichten es bezüglich der Data Governance unter dem AI Act gibt und wie diese mit der DSGVO zusammenspielen
> - Welche konkreten Schritte Sie heute schon ergreifen können, um sich auf die neue Gesetzeslage vorzubereiten

5.1 Einführung zum Rechtsrahmen der AI-Regulierung im Kontext von Data Analytics

5.1.1 Zweck des Kapitels

Data Analytics, die hohe Kunst der Datenanalyse, umfasst das Durchleuchten von Rohdaten, um daraus Muster, Trends und Korrelationen zu extrahieren. Sie zielt darauf ab, tiefergehende, handlungsorientierte Erkenntnisse zu gewinnen. Zwar mag die Grundformel – mehr Daten führen zu präziseren Einsichten – eingängig erscheinen, doch die Realität der Datenanalyse ist weitaus komplexer und mitunter mühsam und frustrierend. Entscheidend sind eben nicht nur die Quantität und das Erreichen notwendiger Schwellenwerte, sondern auch die Datenformate, die inhaltliche Qualität der Daten für den gewünschten Zweck, deren sorgfältige Aufbereitung und die korrekte Interpretation der gewonnenen Informationen.

Menge allein ist nicht alles: Im Kontext von Data Analytics und Machine Learning werden Unternehmen und Nutzer von Machine-Learning-basierten Tools unbewusst oder bewusst mit Overfitting und Underfitting konfrontiert, die eng mit der Datenqualität der eingesetzten Modelle verknüpft sind. Overfitting geschieht, wenn ein Modell die

Trainingsdaten zu genau lernt, einschließlich Rauschen und Ausreißer, was seine Fähigkeit mindert, korrekte Vorhersagen für neue Daten zu treffen. Dies resultiert oft aus einer übermäßigen Modellkomplexität. Neuronale Netzwerke, auch die aktuell beliebten Transformer-Modelle, sind dafür bekannt, stark an Overfitting zu leiden und eher schlecht zu generalisieren. Underfitting tritt auf, wenn ein Modell zu simpel ist und die wesentlichen Muster in den Daten nicht erfasst, was zu ungenauen Vorhersagen führt, häufig verursacht durch eine unzureichende Modellkomplexität oder mangelnde Trainingsdaten.

Die Qualität der Daten ist entscheidend für das Vermeiden dieser Probleme. Sie beinhaltet Aspekte wie Genauigkeit, Relevanz und eine ausgewogene Darstellung der Realität. Eine effektive Datenbereinigung, -auswahl und -verarbeitung sind notwendig, um sicherzustellen, dass das Modell relevante Muster lernt, ohne irrelevante Details zu überbetonen. Die richtige Balance zwischen Modellkomplexität und Datenqualität, zusammen mit einer sorgfältigen Validierung und Testung auf neuen Datensätzen, ist für die Entwicklung effektiver Machine-Learning-Modelle unerlässlich.

Die Implementierung von Softwarelösungen für die Erstellung von Tabellen, Datenvisualisierungen, Reporting-Tools, Data Mining und der Einsatz von Open-Source-Large-Language-Modellen wie Llama ermöglicht es Nutzern grundsätzlich, das Optimum aus ihren Datenbeständen herauszuholen, sofern diese für die gewünschten Zwecke geeignet sind. Diese technologischen Fortschritte können zu fundierteren, datengestützten Entscheidungen befähigen, die sich auf ein breites Spektrum von Analyseformen, von beschreibender und diagnostischer bis hin zu prädiktiver und präskriptiver Analyse, stützen. Jedoch bringen die zunehmende Automatisierung und der Einsatz von AI in der Datenanalyse auch Herausforderungen mit sich, nicht zuletzt im rechtlichen Bereich. Die regulatorische Landschaft verändert und verschärft sich rasant und Praktiken, die in einem Land als Standard gelten, können in einer anderen Weltregion die Grenze der Legalität überschreiten.

Data Governance und Compliance Management sind vor diesem Hintergrund unerlässlich, um nicht bei einem Aufeinandertreffen mit Kunden oder der eigenen Rechtsabteilung ein böses Erwachen zu erleben. Alle Abteilungen und Stakeholder sollten ihren Blick heben, die

Geschäftswelt betrachten, kritische Stimmen hören und Best Practices entwickeln, um mit den technologischen Entwicklungen nicht nur Schritt zu halten, sondern auch Risiken für das eigene Geschäft zu minimieren.

Data Analytics ist ein interdisziplinäres Feld, das Kenntnisse aus Statistik, Informatik, Wirtschaftslehre und Recht erfordert. Dieser interdisziplinäre Charakter betont die Wichtigkeit eines ganzheitlichen Ansatzes, der über die technischen Aspekte hinausgeht und rechtliche, ethische und kommerzielle Überlegungen aufeinander abstimmt.

5.1.2 Die Schnittstelle zwischen AI based Analytics und rechtlichen Regulierungen

Durch ihre starke Abhängigkeit von umfangreicher Datenverarbeitung haben Technologien im Bereich „Künstliche Intelligenz" den Bereich von Data Analytics wahrscheinlich viel früher betreten als viele andere Felder, und sicherlich deutlich früher als dieses Thema in der öffentlichen Debatte Beachtung fand. Dies bedeutet jedoch, dass gängige und liebgewonnene Praktiken im Licht neuer AI-spezifischer Gesetze sowie neuer stringenterer Datenschutzvorgaben überdacht und angepasst werden müssen. All dies kostet neben erheblichem eigenen intellektuellen Aufwand vor allem Personal und Geld, was beides bilanziell zu berücksichtigen ist.

5.2 Schlüsselregulierungen im Bereich AI, die Data Analytics beeinflussen

In diesem Kapitel bieten wir einen kurzen Überblick über den rechtlichen Rahmen, der für Data Analytics relevant ist. Natürlich hängt die Anzahl der anwendbaren Vorschriften stark vom jeweiligen System, den erhobenen Daten sowie dem Zweck der Analyse und deren Ergebnissen sowie Auswirkungen ab.

5.2.1 Rechtsrahmen für AI based Analytics mit globalem und europäischem Fokus

Bei der Betrachtung umfangreicher Datenverarbeitung kommt den meisten Beteiligten zuerst die Datenschutzgrundverordnung (DSGVO) in den Sinn. Dies ist nachvollziehbar, da die DSGVO einer der am meisten öffentlich diskutierten Rechtsakte der Europäischen Union ist. Sie stellt klare und strenge Anforderungen an die Rechenschaftspflicht und Dokumentation in Unternehmen, hat einen signifikanten technologischen Unterbau und ihr Leitmotiv der Datenminimierung scheint im direkten Konflikt mit allen datengetriebenen Praktiken zu stehen. Nicht zuletzt wächst der Korpus an Rechtsprechung Monat für Monat in bemerkenswertem Umfang. Außerdem spielen die in der Business-Presse mit ihrem Hang zu großen Zahlen zur Schau gestellten Bußgelder eine nicht zu unterschätzende Rolle, obwohl die übrigen Sanktionsbefugnisse von Behörden erheblich schmerzhafter sein können als reine Geldbußen. Ordnet eine Behörde oder ein Gericht die Löschung einer Datenbank oder die Unterlassung einer kontinuierlichen Datensammlung an, kann dies ans Herz bestimmter Geschäftsbereiche gehen. Lässt man die DSGVO für einen Augenblick außer Acht, stellt man fest, dass die EU in den letzten Jahren den digitalen Raum insgesamt sehr aktiv reguliert hat, was praktisch alle Facetten der Datenverarbeitung einschließt. Daher müssen auch andere und neu verabschiedete Rechtsakte der Union berücksichtigt werden, wenn ein intelligentes Analysetool entwickelt, implementiert oder produktiv geschaltet wird.

5.2.2 Sorgfaltspflichten und Compliance

Besonders Dienstleister sollten beachten, dass die Pflicht zu mangelfreier Leistung im Bereich Data Analytics vorrangig zu beachten ist, will man keine Rückstellungen für mögliche Rückforderungen bilden. Rechtskonformität ohne Wenn und Aber ist eine „Kardinalspflicht", die gegenüber Kunden durch AGB weder wirksam ausgeschlossen noch beschränkt werden kann. Datenschutzverstöße bei der Erbringung der eigenen Dienstleistungen stellen Sachmängel dar, für die der Dienstleister und gegebenenfalls auch seine leitenden Angestellten vollumfänglich haften (Hense, 2020, S. 17–19). Dieser harte Haftungsmaßstab im Außenverhältnis korrespondiert mit einer Verantwortung der Unternehmensführung, Rechtsverstöße im Unternehmen nicht nur abzustellen, sondern präventiv zu verhindern („Compliance-Management"), also wirksame Prozesse nach dem bewährten Prinzip „Plan-Do-Check-Act" (PDCA) zu implementieren, was unter anderem durch regelmäßige Audits kritischer Geschäftsbereiche erfolgen kann. Unausrottbar und offenbar durch amerikanische TV-Serien verbreitet ist der Glaube, sich zu scharf empfundener rechtlicher Regeln mit der „Business Judgment Rule" entledigen zu können. Tatsache ist jedoch, dass der Geschäftsführung bei der Einhaltung rechtlicher Vorschriften kein Entscheidungsspielraum zusteht (Legalitätsprinzip). Einzig bei der Frage nach dem „Wie" der Einhaltung besteht ein Beurteilungsspielraum, der sich angesichts der immer dichteren Regulierung allerdings oft zu einem „So jedenfalls nicht" verdichtet.

Die beliebte Mär von den „rechtlichen Grauzonen" kennt auch die Rechtsprechung, wenngleich sie für diese Situationen ganz andere Schlüsse zieht als mancher Marktteilnehmer. Denn gerade schwierige Rechtslagen ermöglichen nach zutreffender Auffassung der Gerichte nicht etwa ein laissez-faire, sondern zwingen zu einer besonders eingehenden Überprüfung der rechtlichen Zusammenhänge. Selbst bei widersprechenden Auffassungen darf sich ein Dienstleister nicht einfach auf die ihm günstigste Variante verlassen, sondern muss sich rechtlich beraten lassen und gegebenenfalls Handlungsalternativen erwägen. Es versteht sich von selbst, dass entsprechende Recherchen sorgfältig zu dokumentieren sind, um im Ernstfall den Nachweis genügender Überprüfung der Rechtslage führen zu können.

5.2.3 Fallstudien: Regulierung in Aktion bei AI based Analytics

Die ausgewählten Beispiele für die Fallstudien umfassen drei sehr unterschiedliche Anwendungsfälle für Data Analytics: Bestandsmanagement, prädiktive Wartung und Marketing-Analytik. Die Besonderheiten der rechtlichen Bewertung hängen immer vom jeweiligen Anwendungsfall und den individuellen Umständen ab. Generell kann jedoch gesagt werden, dass diese Fälle von weniger bis zu mehr Komplexität geordnet sind.

Inventory Management mit SmartWatchCo
Bestandsmanagement ist der Prozess, bei dem Sie Waren entlang der Lieferkette verfolgen, einschließlich aller von Einkauf über Produktion bis hin zum Endverkauf relevanter Kriterien und Umstände. Dieser Prozess dient dem Zweck, die Sichtbarkeit des Bestands zu verbessern, die Erfüllung der Kundennachfrage zu optimieren, das Verständnis für Rentabilität zu fördern und die Arbeitseffizienz zu steigern. Es ist auch entscheidend für ein genaues financial reporting.

Nehmen wir an, Sie sind SmartWatchCo, ein Technologieunternehmen, das Smartwatches weltweit produziert und verkauft, sowohl im Großhandel an Einzelhändler als auch direkt an Verbraucher (D2C) über verschiedene Online-Kanäle. Für die Produktion Ihrer Uhren müssen Sie eine Reihe von Rohstoffen für die Herstellung der Armbänder beschaffen, aber Sie kaufen auch Chips, CPUs, Bildschirme usw., alles von verschiedenen Händlern weltweit. Aufgrund der Komplexität der Wertschöpfungskette verfügen Sie über verschiedene Lager, um alles zu lagern, und Sie implementieren eine cloudbasierte Inventory-Management-Software, um den Überblick zu behalten. Die Software kann auch Bestandsberichte aus historischen Verkaufsdaten generieren, zukünftige Nachfragen prognostizieren und die Zuverlässigkeit von Lieferanten auf der Grundlage früherer Vorlaufzeiten bewerten, alles um bessere Geschäftsentscheidungen zu treffen.

Obwohl das beschriebene System definitiv in den Anwendungsbereich des AI Acts fällt, würde der AI Act basierend auf allen beschriebenen Umständen keine bedeutende Auswirkung haben und das Geschäft könnte größtenteils wie gewohnt weitergeführt werden. Dies liegt hauptsächlich an der spezifischen Geschäftstätigkeit und dem Umfeld, in dem unser hypothetisches System implementiert wird und in dem SmartWatchCo operiert. Der AI Act verfolgt einen sogenannten risikobasierten Ansatz zur Regulierung von AI-Systemen, was bedeutet, dass nur Systeme mit signifikanten Risiken den meisten Verpflichtungen des Gesetzes unterliegen. Das bedeutet, dass, obwohl AI-Systeme, die im Management und Betrieb von Infrastruktur verwendet werden, den Verpflichtungen unterliegen können, dies nur für kritische Infrastrukturen gilt, z. B. für das Management und den Betrieb von Straßen-, Schienen- und Luftverkehr oder für die Versorgung mit Wasser, Gas, Heizung oder Elektrizität.

Daher werden wir SmartWatchCo weiterhin Smartwatches produzieren und verkaufen lassen und uns unserem nächsten Beispiel zuwenden, das sich mit Predictive Maintenance beschäftigt.

Predictive Maintenance mit InnovAir
Prädiktive Wartung (Predictive Maintenance) ist eine Methode zur Identifizierung, Erkennung und Behebung von Problemen und Ausfällen, sowohl im aktuellen Betrieb als auch zur Vorhersage des potenziellen zukünftigen Zustands von Ausrüstungen. Sie umfasst zustandsbasiertes Monitoring, um Leistung und Lebensdauer der Ausrüstung zu optimieren, indem kontinuierlich ihre Status beurteilt werden. Diese Beurteilung basiert auf Daten, die von Sensoren gesammelt und unter Anwendung von Machine-Learning-Technologien verarbeitet werden.

Stellen Sie sich vor, Sie sind InnovAir, eine kürzlich gegründete Fluggesellschaft, die hofft, den Markt durch besonders zuverlässige Flüge zu wettbewerbsfähigen Preisen zu erobern. Sie haben Ihre Recherchen durchgeführt und wissen, dass etwa 30 % der Verspätungen durch unerwartete Wartungsarbeiten verursacht werden. Sie sind entschlossen, diese zu vermeiden, Ihre Flugzeuge schneller fliegen sowie Ihre Passagiere weniger warten zu lassen und Flugausfälle zu verhindern. Aus diesem Grund entscheiden Sie sich für die Implementierung einer Software, die alle Ihre Flugdaten, frühere Wartungsprotokolle sowie Echtzeitdaten, die durch Sensoren wie Kameras oder Temperaturfühler sowie Vibrationssensoren in verschiedenen Flugzeugkomponenten erfasst werden, verarbeitet. Basierend auf diesen Daten generiert Ihre Software Warnungen und Benachrichtigungen für Wartungsteams oder Ingenieure, die empfohlene Maßnahmen und Reparaturverfahren enthalten, die dann im Voraus geplant werden können.

Die rechtliche Situation in diesem speziellen Szenario wäre etwas komplexer als im ersten Beispiel. Wir haben wieder ein automatisiertes System, das Empfehlungen generiert, also befinden wir uns definitiv im Anwendungsbereich des AI Acts. Hier haben wir jedoch auch ein System, das potenziell als „high risk" eingestuft wird, da es im Luftverkehr eingesetzt werden soll. Bisher sieht es schlecht aus: Unsere innovative Verbesserung bürdet uns einen Berg von Compliance-Verpflichtungen und Kosten auf, die wir uns als junges, ehrliches Unternehmen nicht leisten können. Dies wird auch Verzögerungen bei der Implementierung unserer gewünschten Lösung verursachen. Es könnte jedoch einen Ausweg geben. Gemäß Artikel 6 Absatz 2 des AI Acts gelten alle in Anhang III aufgeführten Hochrisikosysteme (unter ihnen auch unser Algorithmus zur Predictive Maintenance) nur dann als hochriskant, wenn sie ein erhebliches Risiko für die Gesundheit, Sicherheit oder Grundrechte natürlicher Personen darstellen. Oder, besonders im Falle von Systemen, die im Management und Betrieb kritischer Infrastrukturen verwendet werden, wenn sie ein erhebliches Risiko für die Umwelt darstellen. Das bedeutet, dass Sie Ihr algorithmisches System, Ihr Machine-Learning-Modell, durch diese Linse bewerten müssen. In Ihrer Risikobewertung müssen Sie nachweisen, dass Sie aufgrund der Durchführung aller notwendigen Pre-Flight-Checks unabhängig von den positiven Signalen des Algorithmus und weil Sie tatsächlich Umweltschäden reduzieren, indem Sie bessere und gesündere Komponenten in Ihren Flugzeugen verwenden und den Kerosinverbrauch reduzieren, nicht in die Kategorie der Hochrisikosysteme fallen. Wenn Sie dies dokumentiert nachweisen und alle notwendigen Behörden entsprechend benachrichtigen können, dann herzlichen Glückwunsch! Sie erhalten nun auch rechtlich grünes Licht und können mit der Entwicklung Ihres Geschäfts durchstarten.

Marketing Analytics mit Fashionista
Marketing Analytics ist ein ausfüllungsbedürftiger Begriff und wird landläufig auf den Prozess des Verfolgens und Analysierens von Daten aus Marketingaktivitäten bezogen, um Erkenntnisse zur Verbesserung der Kundenerfahrung, zur Steigerung des Returns on Investment (ROI) und zur Entwicklung zukünftiger Marketingstrategien zu generieren.

Für dieses abschließende Beispiel stellen Sie sich vor, Sie sind Fashionista, eine neue Bekleidungsmarke, die sich auf nachhaltige, Slow Fashion konzentriert. Nach einer anfänglichen Wachstumsphase, die auf die Einführung Ihrer Marke mit crossmedialen Kampagnen folgte, scheint Ihr Geschäft zu stagnieren, und Sie entscheiden sich, Ihre Marketingstrategie zu überdenken. Sie haben Zweifel an der Wirksamkeit von Adressable TV, aber vielleicht sind lokale Printmedien und Radios doch das geeignetere Umfeld für die Gewinnung von Neukunden? Um sicherzustellen, dass Sie die richtigen Entscheidungen treffen, entscheiden Sie sich für die Implementierung einer Software, die es Ihnen ermöglicht, online gesammelte Daten aus Ihrem Webshop und sozialen Medien sowie Daten aus Ihren Geschäften, die über Sensoren mit Gesichts- und Emotion-Recognition-Software gesammelt werden, zu analysieren. Diese Technologien helfen dabei, Einblicke in das Verhalten Ihrer Kunden im Geschäft zu gewinnen und diesen Kunden möglicherweise einen wirklich personalisierten Service anzubieten, der Eindruck hinterlässt. Diese spezielle Situation ist deutlich komplexer als die beiden vorherigen. Erstens erwähnt der AI Act in seiner Liste der vermutlich hochriskanten Systeme ausdrücklich Systeme, die dazu bestimmt sind, Schlussfolgerungen über persönliche Eigenschaften natürlicher Personen auf Basis von biometrischen oder biometrisch basierten Daten zu ziehen, einschließlich Emotion Recognition. Zweitens stoßen wir, wenn wir wie im vorherigen Beispiel mit der vorläufigen Risikobewertung fortfahren, dieses Mal auf ein Hindernis. Wie zuvor beschrieben, gelten die in Anhang III aufgelisteten Systeme nur dann als hochriskant, wenn sie ein erhebliches Risiko für (unter anderem) die grundlegenden Rechte natürlicher Personen darstellen. In unserem beschriebenen Szenario ist dies tatsächlich ein Hindernis, da unsere Gesichts- und Emotionserkennung ein erhebliches Risiko für das Grundrecht auf Datenschutz der Kunden darstellen könnte. Natürlich wird dies immer eine Frage der Einzelfallbewertung sein, und vielleicht können wir unser System so implementieren, dass es das erhebliche Risiko für Kunden und betroffene Personen eliminiert. Dies wird jedoch eine ernsthafte Beurteilung und den Einsatz von Mitigationsmaßnahmen durch Privacy Enhancing Technologies erfordern, und wenn wir nicht erfolgreich sind, haben wir eine umfangreiche Liste von Verpflichtungen zu erfüllen, die womöglich die Vorteile durch die erwarteten Customer Insights weit überwiegen.

5.3 Implementierung des AI Acts in der Data Analytics-Praxis

Unsere Fallstudien im vorherigen Kapitel haben die Angelegenheit ein wenig, aber absichtlich vereinfacht dargestellt. Natürlich trägt der AI Act selbst, der sich auf über 150 Seiten erstreckt, erheblich mehr Komplexität in sich, als hier dargestellt werden kann. Unser Ziel ist es jedoch, eine allgemeine Einführung als Ankerpunkt zu bieten, weshalb die Vereinfachung hoffentlich verziehen werden kann. Dies umso mehr, da wir die Analyse in den folgenden Unterabschnitten weiterentwickeln werden.

5.3.1 Geltungsbereich: Wann muss ich mich rechtskonform verhalten?

Das Erste, was Sie bestimmen sollten, wenn Sie über die Implementierung einer Form von AI based Data Analytics nachdenken, ist, ob Sie auch die Bestimmungen des bevorstehenden AI Act berücksichtigen sollten. In den meisten Fällen wird die Antwort auf diese Frage positiv ausfallen, was zusätzlichen Aufwand bedeutet, den Sie berücksichtigen und vor allem einpreisen müssen.

Erstens ist die Definition von AI-Systemen, die wir bereits angesprochen haben, extrem breit gefasst und wird die meisten, wenn nicht alle automatisierten Systeme einschließen. Zweitens gilt das Gesetz unabhängig davon, ob Sie Hersteller, Händler, Anbieter oder Nutzer des automatisierten Systems sind, solange das System in irgendeiner Verbindung zur EU oder ihren Bürgern steht. Das bedeutet, entweder das Unternehmen ist in der EU ansässig, der Dienst wird in der Union angeboten oder die Ergebnisse werden in der Union verwendet. Da die meisten Unternehmen wahrscheinlich unter diese Kriterien fallen, brauchen wir uns hierüber nicht zu grämen und können entspannt zum zweiten Schritt übergehen, nämlich dem, was Sie tun müssen.

5.3.2 Risikobasierter Ansatz: Muss ich etwas tun und wenn ja, wie viel?

Diese Frage, die auch bereits in unseren Fallstudien teilweise behandelt wurde, ist deutlich komplexer als die vorherige. Zunächst sollten Sie bestimmen, welche Rolle Sie unter dem AI Act haben. Denn wenn Sie nur das System eines anderen für Ihre eigenen Zwecke verwenden, selbst wenn dieses System ein hohes Risiko darstellt, wird die Compliance-Belastung erheblich geringer sein, als wenn Sie ein System selbst entwickeln. Wenn Sie sich mit den derzeit populären Large Language Models wie GPT, Claude, Mistral oder Llama beschäftigen, werden Sie bereits jetzt merken, dass jede Infrastrukturentscheidung auch massive rechtliche Auswirkungen hat. Closed Source per API oder Open Source lokal implementiert: Die rechtlichen Aspekte sind bei den Folgeaufwänden stets mit einzuplanen, und zwar unabhängig davon, ob Sie Ihr System und dessen Ergebnisse auf dem Markt verkaufen oder nur für Ihre eigenen Zwecke und in Ihren eigenen vier Wänden verwenden. Daher wäre die Situation in unserer letzten Fallstudie, die potenziell hochriskante Marketing Analytics betrifft, für unser fiktives Unternehmen Fashionista deutlich weniger problematisch, wenn das Unternehmen die Software von einem Dritten bezieht, um im Bild zu bleiben, Ware von der Stange und keine maßgeschneiderte Eigenentwicklung kauft. Dann würden sich die rechtlichen Verpflichtungen hauptsächlich auf Sorgfaltspflichten, Überprüfung der Compliance des Lieferanten und der offensichtlichen Mängel des verwendeten Systems, Implementierung menschlicher Aufsicht, Protokollierung aller Aktivitäten und Transparenz bei der Nutzung des Systems beschränken.

Würde das Unternehmen das System jedoch selbst entwickeln, um es an seine spezifischen Bedürfnisse anzupassen, sähe das Bild erheblich anders aus. Dann müsste das Unternehmen, unter der Annahme, dass unser System ein hohes Risiko darstellt, eine große Anzahl von Anforderungen bezüglich des Systems erfüllen sowie eine Reihe von fortlaufenden

Verpflichtungen wie die Implementierung eines wirksamen Risiko- und Qualitätsmanagements haben. Wir werden nicht auf all diese eingehen, sondern uns eher auf die Verpflichtungen konzentrieren, die direkt an der Schnittstelle zwischen dem AI Act und der DSGVO stehen, da diese definitiv die interessantesten sind und auch solche, bei denen es sich bereits heute lohnen könnte, Zeit und Ressourcen in Compliance zu investieren.

5.3.3 Data Governance: Daten im Griff, diesseits und jenseits der DSGVO

Die offensichtlichste Schnittstelle zwischen den beiden Regelwerken ist Artikel 10 des AI Acts, der eine angemessene Data Governance vorschreibt. Dieser Artikel baut auf der DSGVO auf, da im AI Act ausdrücklich in Artikel 2 Absatz 5a festgelegt wird, dass die Verpflichtungen der DSGVO unberührt bleiben. Der Artikel regelt jedoch auch Fragen, die unter der DSGVO keine Regelung finden. So gelten die Verpflichtungen zur Data Governance auch für Daten, die keine personenbezogenen Daten sind (z. B. Sensordaten von Maschinen) und daher nicht in den Geltungsbereich der DSGVO fallen. Das bedeutet, dass beispielsweise die Datenanalyse in Systemen zur Aufrechterhaltung kritischer Infrastrukturen, die ausschließlich auf nicht-personenbezogenen Daten basiert, auch den Verpflichtungen des Artikels unterliegt.

Die Verpflichtungen zur Data Governance gelten während des gesamten Lebenszyklus eines AI-Systems, also von der Einstellung der (Hyper-)Parameter über das Training, die Validierung bis hin zum produktiven Testing, und schreiben vor, dass die verwendeten Datensätze relevant, ausreichend repräsentativ, angemessen auf Fehler überprüft und so vollständig wie möglich für den beabsichtigten Zweck des Systems sein müssen. Wer sich mit Datenqualität auskennt, der weiß, diese Anforderungen sind ein Brett und kein dünnes.

Darüber hinaus sollten die Datensätze auch unter Berücksichtigung spezifischer geografischer, kontextueller, verhaltensbezogener und funktionaler Einstellungen eines bestimmten Systems erstellt werden. Auch hier ist klar, dass die Beschaffung eines global entwickelten AI-Systems ohne angemessene Lokalisierung und „Finetuning" im technischen und übertragenen Sinn mit den gesetzlichen Anforderungen in Konflikt gerät.

Ein weiterer wichtiger Punkt, in dem sich der AI Act von der DSGVO unterscheidet, ist, dass, soweit Daten ausschließlich vom Betreiber des Systems zugänglich sind oder gehalten werden, diese Verpflichtung an den Betreiber weitergegeben werden muss, da sonst die Verstöße ausschließlich in der Verantwortung des AI-Entwicklers liegen.

Weiterhin betrifft der AI Act selbst nicht die Datengewinnung. Er schließt jedoch auch nicht die Anwendung anderer relevanter Vorschriften wie der DSGVO oder der Gesetze zum Schutz des geistigen Eigentums aus. Dies ist besonders wichtig, wenn Daten durch Scraping oder Crawling gesammelt und analysiert werden, wobei alle personenbezogenen Daten rechtmäßig erhoben und alle Urheberrechte sowie mögliche Verbote zur Nutzung von z. B. urheberrechtlich geschützten Daten respektiert werden müssen.

Auch wenn die Analysen durch Text- und Data-Mining durchgeführt werden, müssen alle Beschränkungen der Ausnahmevorschriften im Urheberrecht eingehalten werden, da das Verarbeitungsergebnis sonst als rechtswidrig angesehen werden könnte und damit wertlos würde. All diese Verpflichtungen gelten wiederum unabhängig vom Risikolevel eines bestimmten AI-Systems, da sie selbstständige Verpflichtungen unabhängig vom AI Act sind.

Ein letzter zu berücksichtigender Punkt sind automatisierte Entscheidungen und menschliche Aufsicht, sowohl im Rahmen des AI Acts als auch der DSGVO. Einige automatisierte Data-Analytics-Tools werden sicherlich, wenn nicht gerade Entscheidungen treffen, so doch zumindest klare Empfehlungen abgeben, die natürliche Personen betreffen (z. B. Dynamic Pricing, Segmentierung von Audiences, Targeting). In diesem Fall gelten in vielen Fällen die scharfen Verpflichtungen aus Artikel 22 der DSGVO, der ausschließlich automatisierte (Vor-)Entscheidungen strengen Anforderungen unterwirft. Wie sich dies mit dem vorgeschlagenen Artikel 14 des AI Acts, der menschliche Aufsicht über alle Hochrisiko-AI-Systeme vorschreibt, abstimmen lässt, ist noch nicht ganz klar. In jedem Fall müssen AI Developer eine effektive menschliche Aufsicht ermöglichen, indem sie geeignete Mensch-Maschine-Schnittstellen einbeziehen, um bestehende Risiken für Gesundheit, Sicherheit oder

Grundrechte zu verhindern oder zu minimieren. Dies wird wahrscheinlich nicht das Überprüfen jeder einzelnen automatisierten Entscheidung oder Empfehlung umfassen, dennoch wird das Gleichgewicht und Zusammenspiel zwischen diesen beiden Verpflichtungen wahrscheinlich weitere Klärungen durch den Europäischen Gerichtshof oder andere relevante nationale Behörden erfordern. Wie bereits oben angedeutet, sind rechtliche Grauzonen kein Grund zur Freude, sondern lösen erhöhte Prüfpflichten aus und erfordern Aufmerksamkeit und Ressourcen, um Konturen zu erhalten.

5.3.4 Transparenz und Erklärbarkeit von AI-Systemen

Weitere von der DSGVO und dem AI Act vorgeschriebene Verpflichtungen sind die Herstellung von Transparenz und Erklärbarkeit von AI-Systemen. Während die DSGVO sich jedoch wiederum ausschließlich an natürliche Personen richtet, deren personenbezogene Daten für das Training oder die Verbesserung der Systeme verwendet werden, hat der AI Act einen breiteren Anwendungsbereich. Er schreibt beispielsweise Transparenz in Bezug auf verwendete Trainingsdatensätze (Artikel 10) und insbesondere in Bezug auf urheberrechtlich geschütztes Material vor, das in generativen AI-Modellen verwendet wird (Artikel 28b). Der AI Act verlangt auch Transparenz, indem er vorschreibt, dass alle Hochrisiko-Systeme in einer EU-weiten Datenbank registriert werden müssen, wodurch Informationen über z. B. den beabsichtigten Einsatz, Kategorien und Art der vom System verarbeiteten Daten, eine grundlegende Erklärung der Logik des Systems usw. öffentlich über die genannte Datenbank zur Verfügung gestellt werden. Schließlich führt der AI Act in seinem Artikel 52 eine Liste separater Transparenzverpflichtungen für Anbieter und Betreiber bestimmter AI-Systeme ein, wie solche, die zur Interaktion mit natürlichen Personen bestimmt sind, die über eine biometrische Kategorisierung oder Emotionserkennung verfügen sowie solche, die Bild-, Video- oder Audioinhalte erzeugen oder verändern können. Das bedeutet, dass Anbieter und Betreiber derartiger Systeme im direkten Kontakt mit Endnutzern nochmals erhöhten Anforderungen unterliegen.

5.3.5 Strategien zur Gewährleistung der Compliance in AI-Projekten: Verantwortlichkeit, Sorgfaltspflicht und vertragliche Verantwortungen entlang der Wertschöpfungskette

Bezüglich der Strategien zur Sicherstellung der Compliance in AI-Projekten, neben der Einhaltung bestehender und durchsetzbarer Regelungen, sind frühzeitige Überlegungen, akkurate Dokumentation und adäquates Handeln von zentraler Bedeutung. Das Problem auf die lange Bank zu schieben, ist gerade bei Hochrisikosystemen eine unzureichende Strategie. Die Umsetzung der an Hochrisikosystem-Anbieter gestellten Anforderungen benötigt sowohl Zeit als auch finanzielle Mittel. Zudem ist es möglich, dass manche Systeme beim besten Willen nicht mit den Anforderungen des Gesetzes in Einklang zu bringen sind, z. B. weil die jeweiligen Anbieter die Mitwirkung versagen oder die Due Diligence der Datensätze fahrlässiges Handeln erkannt hat. Das Abwarten des Inkrafttretens des AI Acts wäre daher die falsche geschäftliche Entscheidung, auch deshalb, weil geeignete Berater:innen dann nicht zur Verfügung stehen werden. Im Gegensatz dazu können die meisten Herausforderungen des bevorstehenden Gesetzes bewältigt werden, wenn sie bereits zu Beginn des Entwicklungs- oder Einsatzprozesses berücksichtigt werden und ähnlich wie Privacy by Design Teil des Systemdesigns werden. Die Dokumentation der Überlegungen, Bewertungen und Anpassungen stärkt zudem die eigene Position im Falle behördlicher Überprüfungen oder einer externen Due Diligence vor dem Verkauf eines Unternehmens, weil so nachgewiesen werden kann, dass Risiken bedacht, identifiziert und adressiert wurden.

AI-Systeme sind oft komplex und beinhalten zahlreiche Akteure entlang der Wertschöpfungs- und Produktionskette. Viele der gesetzlichen Verpflichtungen können nur durch interdisziplinäre Kooperation aller beteiligten Akteure erfüllt werden. Nicht zu vergessen sind die hohen Sanktionen, die unter dem AI Act anfallen können. Die Begrenzung der Haftung und unternehmerischen Risiken für schwerwiegende Vorfälle, die außerhalb des eigenen Einflussbereichs liegen, ist unerlässlich. Aus all diesen

Gründen ist die sorgfältige Auswahl aller Vertragspartner zur Gewährleistung der Qualität ihrer Leistungen oder Komponenten sowie die vertragliche Festlegung von Verpflichtungen und Verantwortlichkeiten entlang der Wertschöpfungskette nach bewährten Beschaffungsrichtlinien und Standardvertragsklauseln ein entscheidender Schritt in die richtige Richtung.

5.3.6 Verschärfung oder Entspannung: Was bringt die Zukunft?

Verschärfte Anforderungen sind erwartbar und absehbar, denn Regulierung ist ein Megatrend, der die Digitalisierung seit jeher begleitet. Angesichts bevorstehender Veränderungen in der regulatorischen Landschaft und den Herausforderungen bei der Implementierung neu verabschiedeter Vorschriften ist derjenige gut beraten, der früh und nachhaltig handelt. Denn wenn etwas sicher ist, dann, dass es in zwei Jahren mehr Regeln und mehr Normvollzug geben wird. Und es wird nicht günstiger oder einfacher, sich an diese Regeln zu halten. Emerging Technologies und Regulierung werden weiterhin einander beeinflussen und sich im Prozess gemeinsam entwickeln. Daher könnte das Design und die Implementierung ethischer Technologien sogar dazu beitragen, Vorschriften und deren Interpretation in eine wünschenswerte und sinnvollere Richtung zu lenken, wie dies bei Privacy Enhancing Technologies (PET) geschieht. Wir werden wahrscheinlich denselben Schub an Fragen, Compliance-Maßnahmen und Ressourcenknappheit erleben, wie vor fünf Jahren bei der Einführung der DSGVO. Denn mit der Annäherung an das Inkrafttreten des AI Acts wird nicht nur der Druck steigen, Maßnahmen zu ergreifen, sondern auch die Preise für seriöse und unseriöse Angebote. Wie bereits ausführlich erörtert, wird die Einhaltung des Gesetzes auch bei der Anwendung etablierter und standardisierter Praktiken der Datenanalyse und selbst bei der Verarbeitung ausschließlich nicht-personenbezogener Daten kein Spaziergang, sondern eher ein Iron Man. Und den will man als untrainierter Amateur nicht bestreiten müssen.

> **IHR TRANSFER IN DIE PRAXIS**
> - Entwickeln oder implementieren Sie Tools für AI based Data Analytics?
> - Für welchen Zweck beabsichtigen Sie, das System zu verwenden? Fallen Sie in die Kategorie der Hochrisikosysteme?
> - Welche Schritte könnten Sie ergreifen, um identifizierte Risiken anzugehen und zu mildern?
> - Kennen Sie Ihre Partner entlang der AI-Wertschöpfungskette?
> - Haben Sie Ihre Position durch die Erfüllung Ihrer Rechenschaftspflichten, Sorgfaltspflichten sowie durch vertragliche Verpflichtungen und Verantwortlichkeiten entlang der Wertschöpfungskette abgesichert?

Literatur

Hense, P. (2020). Datenschutzrecht als Haftungsrisiko für Digitalagenturen. In *Datenschutz-Berater, 1/2020*, S. 17–19. https://www.spiritlegal.com/files/userdata_spiritlegal-com/downloads/DSB-2020-01-Peter-Hense-Digitalagenturen.pdf. Zugegriffen: 13. Jan. 2024.

6
Strategie meets Literacy

> **WAS SIE AUS DIESEM KAPITEL MITNEHMEN**
>
> - Wie sich die KI-Strategie zu Business-Strategie und Datenstrategie verhält
> - Wie Sie mit dem Datenstrategie-Framework auch Ihre KI-Strategie entwickeln und beschreiben können
> - Wie sich Ihre KI-Strategie in der Praxis umsetzen lässt (am Beispiel von Conversion Rate Optimization)
> - Warum sich KI-Kompetenz und KI-Strategie gegenseitig bedingen und wie Sie dieses Henne-AI-Problem lösen können

6.1 KI-Strategie von der Business-Strategie ableiten

Ihre Business-Strategie ist vermutlich so einmalig wie die URL zu Ihrer Website. Sie ist von Ihrem Geschäftsmodell, Ihren Wachstumsabsichten, dem Marktumfeld, Stakeholderinteressen, rechtlichen Vorgaben, eigenen Ressourcen und vielem anderen abhängig. Sie definiert die grundlegenden Ziele Ihres Unternehmens und priorisiert die aktuell wichtigsten, strategischen Aufgaben und nächsten Maßnahmen. Langfristige oder kurzfristige Ziele können beispielsweise Wachstum, Kundenzufriedenheit, Kostenoptimierung oder Differenzierung im Markt sein. Die Ableitung konkreter Handlungen, neuer Prozesse oder innovativer Lösungen aus diesen Unternehmenszielen ist eine unternehmensweite Herausforderung, die sich keineswegs auf die Führungsebene beschränkt.

Als messbare Größe, um herauszufinden, an welchen Stellen man Anpassungen der operativen Maßnahmen vornehmen sollte und um zu evaluieren, ob die eingeschlagenen Pfade zum gewünschten Erfolg führen, dienen KPIs (Key Performance Indicators). Sie machen den Erfolg oder Misserfolg von Strategien über die Zeit sichtbar und können ggf. eine rechtzeitige Kurskorrektur anstoßen (Greiner et al., 2023, S. 129).

Die Kaskadierung dieser Erfolgsindikatoren vom Management-Level bis zur operativen Ebene erfolgt üblicherweise durch standardisierte Abläufe und klare Reporting-Strukturen. Dabei stellen wir fest, dass mit zunehmender Digitalisierung der Bedarf an transparenten, automatisierten und individualisierten Lösungen immer mehr steigt. Die Integration solcher Lösungen führt im Idealfall zu moderner, datengetriebener Entscheidungsfindung durch nutzer:innenzentrierte Dashboards, Tools oder andere Daten-Produkte, die für jede Person im Unternehmen schnell und einfach die folgende Frage beantworten können: Was muss ich morgen im Büro vorfinden, um in fünf Minuten alle benötigten Informationen für die besten daten-fundierten Entscheidungen des Tages zu haben? Nicht selten wird hier künftig – wie in Kap. 2 gezeigt – KI zum Einsatz kommen.

Die enge Verflechtung von Geschäftsstrategie, Analytics-KPIs, Datenstrategie und dem nötigen Enablement auf organisationaler und individueller Ebene stellt Unternehmen häufig vor eine große Herausforderung. Der Einsatz von KI fügt der Komplexität noch eine weitere Stufe hinzu, da das Feld für viele Unternehmen noch neu ist, es sich mit unfassbarer Geschwindigkeit entwickelt, Strategien und Prozesse bisher kaum etabliert sind und auch der Umgang der Mitarbeitenden mit den neuen Technologien noch nicht zum Standardrepertoire gehört. Gleichzeitig darf sich ein Unternehmen derzeit auch nicht davor verschließen, die Verwendung von KI zur Optimierung interner Prozesse, Dienstleistungen oder Produkte zumindest zu evaluieren.

Wie die konkrete KI-Strategie eines Unternehmens schließlich aussieht und inwiefern sich der Einsatz für Ihr individuelles Unternehmen überhaupt lohnt, hängt zunächst einmal von Ihrer übergeordneten Geschäftsstrategie ab und sollte kritisch hinterfragt werden. KI ist nicht die Lösung für alles und kann erhebliche wirtschaftliche, soziale und ökologische Risiken bergen (siehe Kap. 3). Wenn Sie sich allerdings für den Einsatz von KI im größeren Maßstab entschieden haben, hängt es unter anderem von der Risikobereitschaft der Entscheider:innen, den Kernanwendungsbereichen, der Investitionsbereitschaft und natürlich auch der Daten- und KI-Kompetenz Ihrer Mitarbeitenden ab, welche Technologien und Ressourcen Sie genau benötigen, um die strategischen Business-Ziele mit KI zu erreichen oder zu befördern.

Um in diesem hochkomplexen Gefilde mit vielen Abhängigkeiten und Unsicherheiten den Überblick zu behalten, schlagen wir vor, das folgende – leicht abgewandelte – Framework zu nutzen, das 2020 bei FELD M in München ursprünglich zur Entwicklung und Beschreibung von Datenstrategien konzipiert worden ist (Abb. 6.1). Es eignet sich jedoch genauso für die Erarbeitung einer KI-Strategie, bei der initial die-

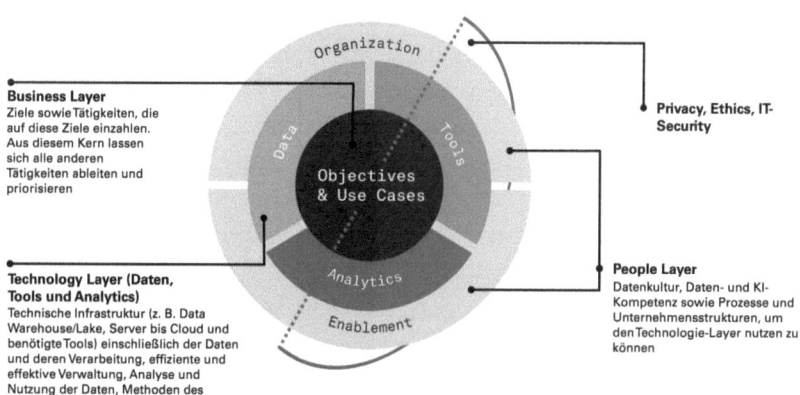

Abb. 6.1 KI-Strategie-Framework. Es besteht aus 3 elementaren Layern, die von Ethik, Privacy und IT-Security in einer dritten Dimension durchschnitten werden

selben Ebenen und Fragestellungen berücksichtigt werden müssen. Eine KI-Strategie wird immer mit einer Datenstrategie zusammenwirken müssen, da uns selbst fortschrittlichste KI-Tools keine magische Brücke bauen können, die eine koordinierte und elaborierte Datennutzung innerhalb der Organisation überspringt.

Das Framework zeigt, welche Ebenen zusammenspielen und welche Voraussetzungen erfüllt sein müssen, damit eine KI-Strategie sinnvoll und sicher umgesetzt werden kann. Aus den Objectives und Use Cases, die sich aus der Geschäftsstrategie ergeben, muss gefolgert werden, welche Daten, Tools und Analysen zur Verfügung stehen müssen, um diese Ziele zu erreichen. Außerdem geht nahezu jede strategische Transformation mit einer organisationalen Veränderung einher, die neue Prozesse (Organization), aber auch neue Kompetenzen erfordert (Enablement). Alle drei Layer müssen aufeinander abgestimmt sein und bedingen sich gegenseitig. Ohne Ziele nützen die modernsten Tools und Technologien nichts und genauso wenig nützen Ziele und Tools, wenn die Mitarbeitenden sie nicht korrekt und zielführend verwenden können.

Das Framework kann zur Strukturierung von Workshops, Interviews sowie der Recherche im Rahmen einer KI-Strategie-Initiative in Ihrem Unternehmen genutzt werden. Für die verschiedenen Bereiche lässt sich so erheben, wo man aktuell steht, wohin man eigentlich möchte und was hierfür die möglichen Hindernisse sind. Je nach Unternehmensgröße kann die KI-Strategie in wenigen Tagen oder mehreren Monaten ausgearbeitet werden. Auch dies hängt von Ihrem Geschäftsmodell, den verfügbaren Ressourcen und vor allem den Zielen Ihrer Business-Strategie ab. An dieser Stelle hier im Buch soll Ihnen das Framework vor allem verdeutlichen, welche Unternehmens- und Technologiebereiche Sie für einen gelungenen Einsatz von KI berücksichtigen müssen, damit Sie davon auch die nächsten Schritte für den Ausbau von KI-Kompetenz in Ihrem Unternehmen ableiten können.

> **Beispiel: Eine KI-Strategie und ihre Anwendung**
>
> Ein Unternehmen zielt auf Umsatzsteigerung im Online-Handel ab und hat die Verbesserung der Conversion Rate auf seiner E-Commerce-Website als wichtigsten Hebel identifiziert. Die Herausforderung besteht darin, in

der großen Menge an Nutzungsdaten Muster zu identifizieren, die auf mögliche Conversion-Hindernisse hinweisen könnten.

Tools:
Für der Erfassung und Verarbeitung der Daten müssen verschiedene Tool-Entscheidungen getroffen werden:
- Ein Web Analytics-Tool (wie Google Analytics oder Adobe Analytics) für die Sammlung und Analyse von Nutzer:innendaten und deren Verhalten auf der Website
- Ein DWH und/oder eine CDP zur Zusammenführung und Aktivierung der Nutzer:innendaten
- Eine Data Science Plattform, z. B. Dataiku, oder die Verwendung von AI-Services in einer der Clouds (Azure, GCP, AWS) für die Entwicklung und den Betrieb von ML-Modellen
- Sentiment-Analyse-Tools können verwendet werden, um Feedbackdaten und Nutzer:innenbewertungen zu analysieren, wobei die KI automatisch Themen, Produkte, Personen oder Stimmungen extrahiert und Aspekte der Website oder der Produkte identifiziert, die positiv oder negativ bewertet werden
- A/B-Testing-Tools (wie Optimizely) ermöglichen das Testen verschiedener Varianten, um herauszufinden, welche Elemente die Conversion Rate verbessern

Daten:
Aus der KI-Strategie wird abgeleitet, welche Daten an welcher Stelle und in welcher Granularität erhoben werden müssen. Nur korrekt aufgesetzte Analytics-Systeme (z. B. Adobe Analytics) führen zu einer guten Datenbasis. Im Bereich der Daten sind umfassende Nutzungsdaten wie Seitenaufrufe, Verweildauer und nicht-personenbezogene, demografische Informationen der Benutzer:innen hilfreich. Echtzeitdaten werden kontinuierlich erfasst, um sofort auf Benutzer:innenaktionen reagieren zu können. Zusätzlich sind Feedbackdaten, einschließlich Nutzer:innenbewertungen und -kommentaren, wichtig, um subjektive Erfahrungen zu verstehen.

Analytics
- **Predictive Analytics:** Verwendung von Machine Learning, um zukünftiges Nutzer:innenverhalten vorherzusagen und potenzielle Warenkorbabbrecher frühzeitig zu identifizieren
- **Segmentierungsanalyse:** Analyse verschiedener Nutzer:innensegmente, um zu verstehen, welche Gruppen die höchste Conversion Rate aufweisen und warum
- **Heatmaps und Clickstream-Analyse:** Verstehen, wie Nutzer:innen auf der Website navigieren, welche Bereiche am meisten Aufmerksamkeit erhalten und an welchen Punkten Nutzer:innen die Website verlassen

- **Performance-Tracking:** Regelmäßiges Monitoring der Performance (z. B. Ladegeschwindigkeit) oder Erkennung von Ausreißern bei wichtigen Variablen (Anomaly Detection)

Organisation und Mensch
- Integration einer KI-gestützten Analytics-Plattform in die Organisationsstruktur
- Enge Zusammenarbeit von IT, Marketing und Analytics-Teams, unterstützt durch spezifische Schulungsprogramme
- Bildung interdisziplinärer Teams aus Data Scientists, Analyst:innen, UX- und Marketingexpert:innen, um tiefgreifende Einblicke in das Nutzer:innenverhalten zu gewinnen
- Förderung der Zusammenarbeit durch transparente Kommunikation, um eine Kultur des gegenseitigen Verständnisses und gemeinsamer Erfolge zu schaffen

In der praktischen Umsetzung stehen nun die identifizierten Conversion-Hindernisse im Fokus: Ein konkretes Beispiel wäre die Erkenntnis über die drei wichtigsten Stellschrauben, um die Anzahl der Warenkorbabbrecher zu verringern:
- Technisch beeinträchtigte Abbrecher:innen: Kund:innen, die in einem bestimmten Browser ihre Gutscheine nicht einlösen können.
- Ablenkungsbedingte Abbrecher:innen: Ein zusätzliches, ähnliches Produkt-Angebot vor dem Checkout reißt die Kund:innen aus dem Bestellprozess.
- Preissensible Abbrecher:innen: Kund:innen, die im letzten Schritt den Gesamtpreis sehen, brechen den Bestellprozess ab.

Hierfür lassen sich konkrete Maßnahmen, wie das Beheben und verbesserte Monitoring von technischen Fehlern, eine optimierte Produktempfehlung mit Vermeidung von Kannibalisierungseffekten oder Voucher für bestimmte Kund:innensegmente ableiten.

Ihre KI-Strategie beschreibt das Zielbild für den Einsatz von KI in Ihrer Organisation und welche Schritte Sie dorthin führen. Bei einer sich so schnell entwickelnden Technologie wie KI, die die Disruption in den letzten Monaten zum Normalzustand gemacht hat, ist hier vor allem der äußere Ring des Frameworks entscheidend, in dem sich auch die KI-Kompetenz angesiedelt findet. Der äußere Layer muss einerseits den organisatorischen Rahmen für die Umsetzung Ihrer KI-Strategie bilden und andererseits die beteiligten Stakeholder (Mitarbeitende, Führungskräfte etc.) auch aktiv einbinden und mitnehmen.

Eine solche Transformation muss in Einzelschritten verstanden werden und nicht als Schalter, der von einem Zustand auf den anderen umgelegt wird. Veränderung geschieht über alle Ebenen hinweg und erzeugt Wechselwirkungen. Nur eine unternehmensweit kommunizierte KI-Strategie kann Orientierung bieten sowie Wirksamkeit und Triebkraft entfalten. Ihre übergeordnete Business-Strategie sollte ohnehin allen Mitarbeitenden bekannt sein.

6.2 KI-Kompetenz-Strategie von der KI-Strategie ableiten

Die im Rahmen einer entsprechenden Initiative und/oder einer Reihe von Strategie-Workshops erarbeitete KI-Strategie ist kein Sprint und muss über einen längeren Zeitraum fortlaufend getragen werden. Daher ist einerseits das klare Commitment der Geschäftsführung und Entscheider:innen obligatorisch, andererseits müssen Strategieziele und Maßnahmen für alle Stakeholder nachvollziehbar sein und auf breite Akzeptanz und Anwendbarkeit stoßen. Nur so kann die KI-Strategie als eine gemeinschaftliche Anstrengung umgesetzt werden. Zu der notwendigen Akzeptanz gehört auch der Aufbau und Ausbau von Kompetenzen im Bereich KI, damit die Mitarbeitenden und Anwender:innen nicht von den Transformationsprozessen abgehängt werden. Große Strategieanpassungen gehen schließlich immer mit Veränderungen für die einzelnen Stakeholder einher und selten ohne Reibungsverluste über die Bühne. Wie aber erzeugt man diese Akzeptanz und nimmt den Angestellten auch die Angst vor der Transformation?

Akzeptanz und Verständnis für die Maßnahmen entstehen vor allem durch intensive Anforderungserhebung bei den Stakeholdern und einen partizipativen Ansatz für die Umsetzung der KI-Strategie, z. B. durch Methoden des Design bzw. Data Thinkings[1]. Dies gewinnt insbesondere im Kontext der KI-Kompetenz-Förderung an Bedeutung, da deren

---

[1] Zum Einsatz von Methoden des Design Thinkings im Bereich Analytics und KI siehe Greiner et al. 2022, S. 37–66.

partizipative Gestaltung sich ganz entscheidend auf die Neugestaltung von Arbeitsplätzen und Arbeitsorganisation sowie auf den Einsatz von geeigneten Werkzeugen auswirkt – stets in Abhängigkeit von der übergeordneten KI-Strategie bzw. Geschäftsstrategie.

Dabei erfordert diese Anwender:innen- oder Stakeholder-Zentrierung mehr als das einfache Befragen der Angestellten und Abteilungsleitenden nach Ihren Bedürfnissen und Wünschen. In einem partizipatorischen Design-Prozess werden die Anwender:innen und Entscheider:innen gemeinsam in die Entwicklung einer Strategie zur Förderung der KI-Kompetenz eingebunden, um das „tacit knowledge", das stillschweigende Wissen der Angestellten, das zwar schwer zu dokumentieren ist, sie jedoch befähigt, ihre Aufgaben im Unternehmenskontext gut zu erledigen, zu nutzen und komplexe Probleme durch Design Thinking zu durchdringen. Daraus ergibt sich zwangsläufig ein interaktives Vorgehen, das aus der vorhandenen KI-Strategie, die im Idealfall ebenfalls partizipativ mit den Stakeholdern erarbeitet worden ist, eine KI-Kompetenz-Strategie ableitet, die die Bedürfnisse der einzelnen Individuen im Blick hat, da schließlich nicht jede Person in jedem Unternehmen die gleichen KI-Kompetenzen braucht. In diesem Sinne dient der partizipative Ansatz also nicht nur der breiteren Akzeptanz im Unternehmen, sondern auch der individuellen, zielgerichteten und erfolgversprechende Förderung der jeweiligen Stakeholder, damit diese diejenigen Kompetenzen erwerben können, die sie zu einer sinnstiftenden und auf die Unternehmensziele einzahlenden Tätigkeit im Unternehmen befähigen.

Doch genau hier stoßen wir auf eine zyklische Kausalkette – auch bekannt als „Teufelskreis": Man kann keine detaillierte KI-Strategie entwickeln, wenn im Unternehmen nicht genügend KI-Kompetenz vorhanden ist. Die KI-Kompetenz-Strategie wiederum wird im Idealfall dahingehend priorisiert, welche Kompetenzen es für die Vorhaben und Prioritäten der KI-Strategie wirklich benötigt.

Wir sehen uns hier vor einem „Henne-AI-Problem", denn beide hängen voneinander ab, bedingen sich gegenseitig und müssen sich dynamisch, aber parallel entwickeln. Dafür gibt es ein Bild aus der Biologie: Beide – KI-Strategie und KI-Kompetenz – müssen eine Doppelhelix bilden, bei der zwei parallele Stränge immer wieder Verknüpfungen

6 Strategie meets Literacy

bilden (z. B. themenbezogene Alignment-Meetings oder regelmäßige Check-Ins), damit sie sich dynamisch, aber auch parallel in dieselbe Richtung entwickeln und nicht auseinanderdriften (Abb. 6.2). KI-Strategie und KI-Kompetenz können sich Orientierung geben, aber auch gegenseitig in Fortschritt und Ausrichtung kontrollieren und korrigieren.

Die KI-Strategie bildet den einen Strang der Helix, indem sie die systematische und geschäftsstrategische Grundlage für den Einsatz von KI schafft. Sie beginnt mit dem Ableiten und Priorisieren von Use Cases, die direkt zu den Unternehmenszielen beitragen. Durch einen sinnstiftenden Einsatz von Technologie wird nicht nur Innovation vorangetrieben, sondern auch nachhaltiges Wachstum und ein verantwortungsbewusster Einsatz von KI sichergestellt. Die KI-Strategie fungiert somit als das strukturierende Gerüst, das den Weg für den erfolgreichen Einsatz von KI im Unternehmen ebnen soll. Kurz gesagt: Die KI-Strategie gibt vor, welche Ziele durch welche Personen mit welcher Technologie in welcher Zeit erreicht werden sollen – alles in Abstimmung mit und innerhalb des Ordnungsrahmens der KI-Governance.

Parallel dazu bildet die KI-Kompetenz den zweiten Strang der Helix und durchdringt alle Ebenen des Unternehmens. Die Mitarbeitenden

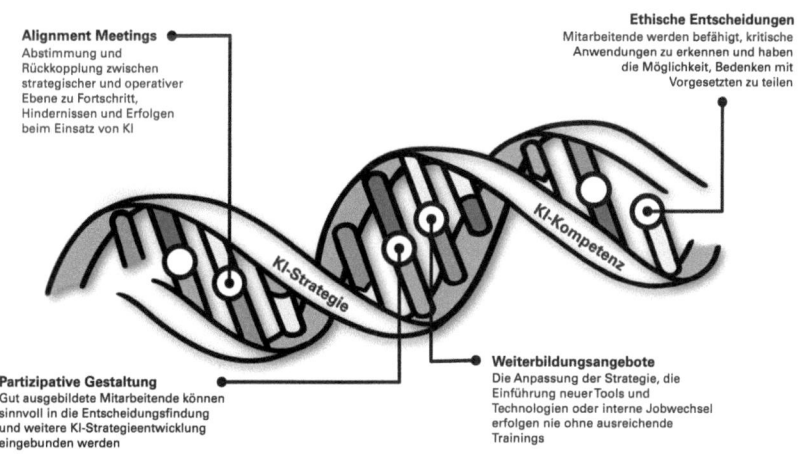

Abb. 6.2 Die KI-Strategie-KI-Kompetenz-Doppelhelix

müssen nicht nur die wichtigsten Konzepte, Begriffe und Technologien verstehen, sondern auch die Fähigkeit entwickeln, mit relevanten Systemen zu interagieren, sie zu verwalten und kritisch zu hinterfragen. Darüber hinaus bedeutet KI-Kompetenz nicht nur das geschäftliche Potenzial, sondern auch die ethischen und sozialen Auswirkungen von KI zu erkennen und zu bewerten. Diese umfassende Kompetenz sichert nicht nur die erfolgreiche Implementierung von KI, sondern fördert auch eine informierte und verantwortungsbewusste Nutzung.

Die Helix formt sich im Idealfall nach und nach und parallel aus, in mehreren Schritten, sowohl im Bereich KI-Strategie als auch im Bereich KI-Kompetenz. Im Agilen Projektmanagement würde man sagen, dass sich die Helix inkrementell (einzelne Bausteine werden nach und nach hinzugefügt) und iterativ (Prozesse werden immer wieder hinterfragt, verbessert und angepasst) entwickelt. So können neue Ideen und Bausteine schnell getestet werden, die Erfahrung in Ihrer Organisation kann stückweise wachsen und die Risiken bleiben überschaubar – dies alles ist gerade in einem so dynamischen Feld wie der KI unverzichtbar.

Um im Kompetenz-Bereich anfangen zu können, stellen wir Ihnen im nächsten Kapitel sechs Schlüsselelemente vor, wie Sie Ihren KI-Kompetenz-Prozess starten und konkret gestalten können.

> **IHR TRANSFER IN DIE PRAXIS**
> - Hat unser Unternehmen eine übergeordnete Business Strategie und ist diese klar kommuniziert (über die verschiedenen Abteilungen hinweg)?
> - Verfügt unser Unternehmen über genügend internes Wissen, um eine AI-Strategie aus der übergeordneten Business Strategie abzuleiten und ggf. in eine Datenstrategie einzubetten?
> - Wie kann das Commitment der leitenden Angestellten/C-Level im Unternehmen sichtbarer gemacht werden?
> - Wie und wo können wir menschzentrierte Methoden einsetzen, um die Menschen innerhalb unseres Unternehmens einzubeziehen und mitzunehmen?

Literatur

Greiner, R., Berger, D., & Böck, M. (2022). *Analytics und AI – Datenprojekte mehrwertorientiert, agil und nachhaltig planen und umsetzen.* Springer Gabler.

Greiner, R., Berger, D. & Böck, M. (2023). Metrics that matter: Wie man ein nutzer:innenzentriertes Controlling-Dashboard für bessere Entscheidungen entwirft. In R. Gleich (Hrsg.), *Data Driven Controlling – Data Analytics und KI kennen und nutzen* (S. 127–140). Haufe-Lexware.

7

KI-Kompetenz im Unternehmen erhöhen – vom (Self-)Assessment bis zur Umsetzung

> **WAS SIE AUS DIESEM KAPITEL MITNEHMEN**
>
> - Welche Rolle die Organisation beim Aufbau von KI-Kompetenz spielt und übernehmen muss
> - Wie Sie herausfinden, welchen KI-Reifegrad Ihr Unternehmen gerade hat und welchen es erreichen möchte
> - Wie Sie die vorhandene KI-Kompetenz in Ihrem Unternehmen erheben und anhand eines Zielbildes und einer Gap-Analyse bestimmen, auf welche Bereiche Sie sich bei Ihrer Weiterbildungsoffensive konzentrieren sollten
> - Wie Sie Ihre Weiterbildungsoffensive mit einem Canvas planen
> - Wie Sie auch in Zukunft am Ball bleiben und eine echte Datenkultur in Ihrem Unternehmen etablieren
> - Welche exemplarischen Inhalte und Module in Ihrer KI-Weiterbildungsinitiative nicht fehlen sollten und wie Sie anfangen können

Spätestens seit 2018 wird gemutmaßt, dass wir uns gerade an demjenigen Punkt der exponentiellen Veränderung der Arbeitswelt befinden, an dem die Entwicklung von einer flachen Kurve, mit annähernd linearem Wachstum, zu einer dramatisch steil ansteigenden Kurve wird, sodass die Veränderungen auf uns und unseren Arbeitsalltag unvorstellbar werden (Foelsing & Schmitz, 2021, S. 11). Hinzu kommt die Interdependenz von „Megathreats" (Demografischer Wandel, wegfallende Jobs durch KI etc.; Roubini, 2022), Megatrends (KI, Quantencomputer, Spatial Computing etc.), Megakrisen (Kriege, Klima, Krankheiten etc.) und Megalomanie (Elon Musk & Co.).

Die Methoden, mit denen wir heute auf Herausforderungen reagieren, müssen andere sein als noch vor ein paar Jahren: Um in einer VUCA(Volatility, Uncertainty, Complexity, Ambiguity)-Welt (Greiner et al., 2022, S. 28) reüssieren zu können, brauchen Organisationen, Individuen und Unternehmen schnelle Adaptabilität und Agilität anstatt Stabilität und etablierte, im Sinne von althergebrachte, Prozesse. Unsere digitalen Kompetenzen bedingen dabei immer mehr unser eigenes Vorankommen, prägen die Arbeitsformen der Zukunft und ermöglichen den Erfolg von Unternehmen.

In dem Bestreben, die KI-Kompetenz erfolgreich zu fördern, ist es unzureichend, standardisierte Trainingsmodelle einfach nur flächendeckend auszurollen. Bei KI-Kompetenz gibt es kein „One size fits all": Berufsbilder differenzieren sich aus und unterschiedliche digitale Geschäftsfelder erfordern die Spezialisierung Einzelner. Gleichzeitig muss bei allen ein digitales Grundverständnis vorherrschen, auf dem sich individuell aufbauen lässt.

Eine umfassende Transformation erfordert daher eine ganzheitliche Betrachtung auf verschiedenen Ebenen des Unternehmens, wie das KI-Strategie-Framework (Abb. 6.1) zeigt. Nur so können wir sicherstellen, dass die Förderung von KI-Kompetenz keine einmalige Initiative bleibt, sondern nachhaltig in die DNS des Unternehmens eingebettet wird.

Von einem holistischen Ansatz profitieren auch die Angestellten, die sich durch Weiterentwicklung attraktiv für den Arbeitgeber halten und Selbstwirksamkeit entfalten können. Wir dürfen nicht vergessen, dass gerade in den White-Collar-Jobs vermutlich die meisten Tätigkeiten automatisiert und damit durch KI ersetzt werden können. In jedem Fall wird es so sein, dass die Jobs, die übrig bleiben, oder die Tätigkeiten, die durch den Einsatz von KI neu entstehen, höhere Anforderungen an das Individuum stellen werden.

7.1 Sechs Schlüssel zur KI-Kompetenz

Wir müssen zwar bei organisationalen Themen ansetzen, wenn wir die KI-Kompetenz fördern wollen, aber auch die zu vermittelnden Inhalte selbst unter die Lupe nehmen, damit die Kompetenzvermittlung und Transformation gelingt. Unentbehrlich ist darüber hinaus das Commitment der Entscheider:innen und Führungskräfte, das einen wesentlichen Teil des ersten Schlüssels zur KI-Kompetenz in Ihrem Unternehmen darstellt.

Die sechs Schlüssel sind:

1. Die Organisation als Motor verstehen
2. Unternehmensmaturität erheben
3. (Self-)Assessment und Gap-Analyse durchführen
4. Das KI-Kompetenz-Canvas zur Konzeption nutzen
5. Zukunftsfähig bleiben: 3-Kompetenz-Horizonte & TrendEcholot
6. Daten- und KI-Kultur etablieren

7.1.1 Die Organisation als Motor verstehen

Die gesamte Organisation muss davon überzeugt sein, dass KI-Kompetenz in der Zukunft ein entscheidender Erfolgsfaktor ist und dass Weiterbildungsoffensiven notwendige Investitionen sind und daher nicht halbherzig geschehen dürfen.

Dieses Commitment muss sich auch in praktischen Umsetzungen äußern. Es muss allen klar sein, welche Rolle eigentlich der Organisation zukommt und welche Bedeutung die zur Verfügung gestellte Infrastruktur für den KI- und Lernerfolg des ganzen Unternehmens hat. In einem Unternehmen fungieren organisationale Ebene (Entscheidungsgewalt, Prozesse etc.) und Infrastruktur (vorhandene Software, Lernplattformen etc.) gemeinsam als Motor für Weiterbildungsinitiativen und lebenslanges Lernen.

Voraussetzungen
Die organisationale Ebene eines Unternehmens startet zu Beginn einer KI-Kompetenz-Initiative meist nicht im luftleeren Raum, sondern kann bereits auf etablierte Prozesse und Maßnahmen sowie eine technische Lern-Infrastruktur zurückgreifen.

Diese organisationalen Gegebenheiten treffen nun auf ein bestimmtes Bedürfnis für spezielle Kompetenzförderung, das durch die Anpassung von Geschäftsmodellen, die Einführung neuer Technologien oder Tools oder z. B. durch Job-Rotation einzelner Personen, die deshalb neue Kompetenzen benötigen, verursacht wird.

Die Unternehmensbereiche oder einzelnen Personen, die neue Kompetenzen erwerben wollen oder müssen, starten in der Regel jedoch auch nicht bei null und bringen latentes und aktives Wissen in ihrer speziellen, vielleicht jahrelangen Domäne, aber auch unternehmensbezogene Erfahrungen und ganz persönliche Kompetenzen mit.

Zu diesem in vielfältiger Form vorhandenen Vorwissen gesellt sich oft auch eine Neugier der Mitarbeitenden, Wissensdurst und die Motivation, etwas Neues zu lernen.

Wenn eine Organisation nun also die KI-Kompetenz stärken will, sollte sie versuchen, all diese Voraussetzungen im Blick zu behalten und sie möglichst optimal für eine reibungslose Weiterbildung zu nutzen.

KI als Katalysator
Durch Marktentwicklungen, Wettbewerber, Gesetze und andere externe Faktoren kann der Druck auf Unternehmen erhöht werden, ihre (KI-)Strategie anzupassen, in Weiterbildung zu investieren und innovative Wege zur effektiven Nutzung von KI zu finden. Wenn die externen Impulse nun auf die internen Voraussetzungen treffen und das Unternehmen bereits eine zumindest rudimentäre Datenkultur (siehe Abschn. 7.1.6.) etablieren konnte, können die konkreten Anforderungen an eine KI-Kompetenz-Initiative identifiziert, geprüft und aktiv in Trainingsprogramme überführt werden. An dieser Stelle kann KI gleichzeitig den Prozess beschleunigen, indem bspw. eine KI-Anwendung als virtueller Coach hilft, zu erlernende Fähigkeiten zu beschreiben und maßgeschneiderte Trainingsprogramme zu entwickeln.

Training
Aufbauend auf dem Vorwissen und der Neugier der Mitarbeitenden und entsprechend den von der KI-Strategie abgeleiteten Anforderungen für die Weiterbildungsoffensive müssen Trainings konzipiert und durchgeführt werden. Diese decken im Idealfall einen Standardbereich für alle Mitarbeitenden ab, sollten aber vor allem nach einem individuellen – maximal abteilungsweiten – Lernplan erfolgen. Dabei muss unterschieden werden, ob es sich um Grundlagen-, Spezial- oder Toolwissen handelt und ob dieses Wissen generell bekannt sein sollte oder nur für wenige Expert:innen erforderlich ist. Für die Trainings selbst bieten sich vielfältige Formate an:

- Selbststudium, z. B. gestützt durch Online-Kurse oder Podcasts
- Training on the Job
- Interne und externe Trainer für 1-on-1 oder 1-on-n-Trainings
- Peer-2-Peer-Learning
- Konferenzen, Barcamps oder Meetups
- Zertifikatskurse

Ein entsprechendes Curriculum, wie wir es auch exemplarisch in Abschn. 7.2. zeigen, kombiniert verschiedene Formate passend zu den individuellen Anforderungen der Mitarbeitenden, aber auch in Abstimmung mit der firmeneigenen Infrastruktur.

Effiziente Anwendung der erworbenen Kompetenzen
Lernen macht nur Freude, wenn ein Mehrwert erkennbar ist und das erworbene Wissen unmittelbar angewandt werden kann. Die Organisation muss daher dafür Sorge tragen, dass die neuen Kompetenzen auch an den richtigen Stellen eingesetzt werden können. Hier kommt eine weitere Bedeutung der organisatorischen Ebene ins Spiel:

- Wird Job-Rotation oder interner Stellenwechsel niedrigschwellig ermöglicht?
- Wie erfahren Führungskräfte von einer möglichen Unterforderung ihrer Angestellten?

- Gibt es Prozesse (z. B. eine online zugängliche Kompetenz-Datenbank), um benötigte und vorhandene Kompetenzen im Unternehmen zusammenzubringen?
- Gibt es Formate, die einen aktiven Austausch unter den Angestellten befördern, um Wissenserwerb attraktiv und das Teilen von Wissen möglich zu machen?

Ein zentraler Feedbackprozess kann sichtbar machen, wie gut Mitarbeitende das Erlernte tatsächlich anwenden können oder was sie daran hindert. Die Erkenntnisse sollten direkt genutzt werden, um Trainingsprogramme kontinuierlich zu optimieren oder organisatorische Strukturen zu überdenken.

Crossfunktionale Teams in einer VUCA-Welt
Für die Herausforderungen der VUCA-Welt braucht es verschiedene Kompetenzen und interdisziplinäre Zusammenarbeit. Nur so können Wissenslücken kompensiert, Komplexitäten als Herausforderungen angenommen, Unsicherheiten aufgefangen und die negativen Auswirkungen von Volatilität aktiv reduziert werden. Crossfunktionale Teams, bestehend aus Mitgliedern verschiedener Abteilungen und Fachbereiche, setzen genau an dieser Stelle an und vernetzen unterschiedliche Wissensbereiche miteinander. Sie fördern und fordern das Finden einer gemeinsamen Sprache, um auch komplexe Themenbereiche zusammen meistern zu können. KI sollte also auf keinen Fall nur in der IT oder nur im Analytics-Team verankert sein. Die im Zusammenhang mit KI zu treffenden Entscheidungen (wie auch zu tragenden Konsequenzen) sollten im Aufgabenbereich eines crossfunktionalen KI-Teams liegen.

Und was ist, wenn nicht?
Die Organisation als Motor muss die geeigneten Rahmenbedingungen für Weiterbildung im Bereich KI schaffen und es Mitarbeitenden ermöglichen, neu erworbene Kenntnisse direkt und effektiv anzuwenden. Doch nicht in allen Unternehmen ist dieses Bewusstsein vorhanden und nicht überall sind Entscheidungsprozesse und Infrastruktur dahingehend etabliert. In solchen Fällen können andere Faktoren die Weiterbildung

der Mitarbeitenden anregen und zum Ausbau der KI-Kompetenz beitragen. Dazu gehören bspw.:

- Einzelne Personen, wie Mentor:innen oder Vorgesetzte, die externe Weiterbildungen vorschlagen und Mitarbeitende zu Qualifizierungen ermutigen
- Finanzielle Anreize innerhalb des Unternehmens, z. B. eine Beförderung oder eine Bonuszahlung bei selbstständiger Aneignung bestimmter Kompetenzen
- Intrinsische Motivation und Interesse der Mitarbeitenden, sodass Weiterbildungen nicht von der Organisation angestoßen und durchgeführt, sondern nur bewilligt werden müssen
- Der Wunsch von Mitarbeitenden, für den Arbeitsmarkt attraktiv zu bleiben bzw. intern oder extern den Job zu wechseln

Psychologische Sicherheit („Psychological Safety") und Experimentierkultur

Für lebenslanges Lernen und gelungene Mitarbeitendenqualifizierung ist auch die Kultur im Unternehmen entscheidend. Es muss unbedingt möglich sein, überschaubare Fehler zu machen (z. B. Safe-to-Fail-Experimente) und Unsicherheiten zuzugeben. Dies gilt auch für Führungskräfte, die oft auf einem Podest aus falschen Hoffnungen und Erwartungen stehen und es daher meist noch schwerer haben, eigene Wissensdefizite einzuräumen. Das Thema KI in seiner ganzen Tiefe ist für fast alle neu und für niemanden sind die weiteren Entwicklungen in all ihren möglichen Facetten vorhersagbar. Es muss Spielplätze (Hackathons, Innovationsworkshops, Sandbox-Umgebungen etc.) im Unternehmen geben, die es ermöglichen, mit neuen Technologien zu experimentieren. Nur im praktischen Einsatz – und dazu gehört auch ein Scheitern – lassen sich echte Erkenntnisse gewinnen, Best Practices etablieren und die Auswirkungen von Handlungen erfahren. Das Teilen von Erfolgs- aber auch Misserfolgsgeschichten sowie gemeinsame Retrospektiven und Fehleranalysen sind hierfür von elementarer Bedeutung.

7.1.2 Unternehmensmaturität erheben

Eine Organisation, die sich zu Weiterentwicklung und KI-Transformation entschieden hat, sollte eine realistische Selbsteinschätzung vornehmen, welche KI-Maturität im Unternehmen bereits erreicht ist und auf dieser Grundlage diskutieren, wohin sie sich im nächsten Jahr oder in zwei, fünf oder zehn Jahren entwickeln soll. Dies ist ein notwendiger Schritt, um davon später die benötigten Kompetenzen abzuleiten und zu priorisieren. Nur wenn man weiß, wo man steht, kann man auch die Richtung und Größe der Schritte auf ein mögliches Ziel hin planen.

Um Ihre Unternehmensmaturität im Bereich KI zu erheben, sollten Sie sich folgende Fragen stellen, Ihre Einschätzung von 1–10 je Frage auf einer Skala markieren und anschließend – zur Verdeutlichung – die erreichten Punkte mit einer Linie verbinden, um ein erstes übergeordnetes Bild der Maturität zu erhalten (Abb. 7.1).

Der Fragebogen kann als einfache Umfrage oder als Vorlage für ein strukturiertes Interview verwendet werden. Die Führungskräfte oder Entscheider:innen, denen die Erhebung der Maturität obliegt, sollten verschiedene Stakeholder einbeziehen, um ein gemeinsames Bild des Ist-Zustands zu erarbeiten, auf dessen breiter Basis Entscheidungen getroffen werden können.

Anhand der Skalen sollten Sie nun in einem zweiten Schritt – unter Bezugnahme auf Ihre KI-Strategie und konkrete/geplante KI-Projekte – entscheiden und festhalten, in welchen Bereichen Sie als Unternehmen den größten Handlungsbedarf sehen und wie stark Sie sich an welcher Stelle verbessern wollen: für das eine Unternehmen kann es wichtiger sein, im Bereich „Strategie und Zukunft" aufzuholen; reifere Unternehmen mit risikoreicheren Anwendungen müssen den Schwerpunkt vielleicht auf den Bereich „Ethik, Privacy und Security" legen.

Wenn man diese Maturitätsevaluation dann in 1–2 Jahren wiederholt, kann man überprüfen, inwiefern sich die Werte verändert haben. Die Maturitätseinschätzung dient also einerseits als Diskussionsgrundlage, um aktuelle Bedarfe festzustellen und zu priorisieren, und andererseits zur Evaluation der Wirksamkeit getroffener Entscheidungen und durchgeführter Maßnahmen.

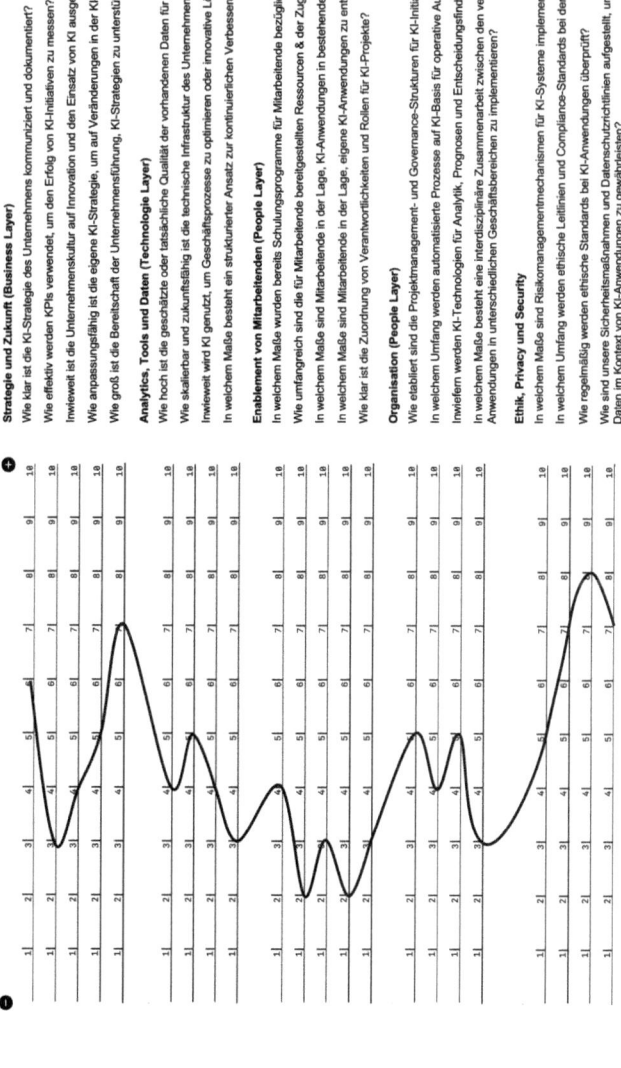

Abb. 7.1 Fragebogen zur Erhebung der Unternehmensmaturität im Bereich KI anhand von 22 Fragen und je einer Skala von 1–10

Aufbauend auf den Ergebnissen der Maturitätsanalyse und den ermittelten und priorisierten Optimierungsbedarfen sollten Sie nun den konkreten Trainingsbedarf definieren. Eine realistische und zutreffende Erhebung der bereits vorhandenen Kompetenzen und ihrer jeweiligen Ausprägung ist ein nächster, elementarer Zwischenschritt, um die KI-Kompetenz im eigenen Unternehmen zu erhöhen.[1]

7.1.3 (Self-)Assessment und Gap-Analyse durchführen

Die vorhandene, interne Kompetenz kann ebenfalls mittels eines Fragebogens ermittelt werden, bei dem die befragten Mitarbeitenden, Führungskräfte oder Abteilungen angeben, bis zu welcher Stufe (1–5) sie bestimmten Aussagen einer Kategorie noch zustimmen können (Tab. 7.1, 7.2, 7.3 und 7.4).

Um das Ergebnis der Evaluation zu veranschaulichen und vergleichbar zu machen, sollten die Ergebnisse in ein (Spinnen-)Netzdiagramm eingetragen werden (Abb. 7.2).

Wenn Sie also innerhalb einer bestimmten Kategorie derjenigen Aussage, die Stufe 3 beschreibt, noch zustimmen können, Stufe 4 aber nicht mehr, dann markieren Sie im Diagramm den zutreffenden Punkt. Anschließend verbinden Sie Ihre Punkte reihum und erhalten eine Fläche, die die Ausprägung Ihrer persönlichen KI-Kompetenz visualisiert. Ein ausgefülltes Spiderweb sieht dann in etwa aus wie in Abb. 7.3 dargestellt:

Um nun herauszufinden, welche Kompetenz-Stufe je Kategorie in Ihrem Unternehmen erreicht werden sollte, müssen Sie anhand Ihrer KI-Strategie und anhand der priorisierten Optimierungspotenziale aus

---

[1] Die 22 Fragen der Maturitätserhebung sind nicht deckungsgleich auf die Kompetenzen einzelner Angestellter übertragbar. Oft sind mehrere Kompetenzen von Einzelnen oder von Abteilungen in einer der Maturitätsdimensionen zusammengefasst. Das exakte Zusammenspiel hängt vom Aufbau der jeweiligen Organisation sowie dem Aufgabenzuschnitt der Abteilungen ab und kann daher nie 1:1 zugeordnet werden. In der Praxis hat sich dieses zweistufige Vorgehen (22 Fragen zur Maturität + 7 Kompetenzkategorien à 5 Stufen beim (Self-)Assessment) für Erhebungen bewährt, da die meisten Unternehmen und Angestellten sich in beiden Vorlagen wiederfinden und mit überschaubarem Aufwand den jeweiligen Ist-Zustand bestimmen können.

Tab. 7.1 (Self-)Assessment in 7 Kategorien anhand von aufsteigenden Kompetenzstufen (1–5) – Kategorien „Finden & Bewerten von Use Cases" und „Datenkompetenz"

	Finden & Bewerten von Use Cases	Datenkompetenz
STUFE 1: Bewusstsein	Ich kann grundlegende Konzepte der Identifikation und Bewertung von Use Cases für KI-Anwendungen verstehen. Ich weiß, dass die Auswahl von Use Cases mit Bedacht erfolgen sollte, um ethische, soziale und ökologische Auswirkungen von KI-Anwendungen zu minimieren. Dabei berücksichtige ich auch das Prinzip der KI-Sparsamkeit, um nicht mehr Ressourcen zu verbrauchen als unbedingt notwendig.	Ich verstehe die Grundlagen der Datenverarbeitung im Kontext von KI. Ich weiß, dass die Qualität und Integrität der Daten entscheidend für die Leistung von KI-Modellen sind. Ebenso kenne ich die Bedeutung von Datenschutz und -sicherheit bei der Verarbeitung sensibler Informationen.
STUFE 2: Anwendung	Ich kann einfache, strategische Methoden anwenden, um Use Cases für KI in verschiedenen Geschäftsbereichen zu identifizieren. Dabei berücksichtige ich u. a. Methoden des Design Thinkings, um die Bedürfnisse von Nutzer:innen zu verstehen und darauf aufbauend innovative KI-Anwendungsfälle zu entwickeln.	Ich kann Grundtechniken der Datenverarbeitung anwenden, um Datensätze für das Training von KI-Modellen vorzubereiten, z. B. Bereinigung von Daten oder Umwandlung von Datenformaten. Ich weiß, wie Datenpipeline-Architekturen den Fluss von Daten von der Erhebung bis zum Modell und der Anwendung beeinflussen.
STUFE 3: Kompetenz	Ich habe viel Erfahrung in der Anwendung von Methoden, um komplexe und wirkungsvolle Use Cases für KI zu identifizieren und zu bewerten. Systematische Bewertungsprozesse, z. B. die Durchführung von Machbarkeitsstudien und Auswirkungsanalysen für die Implementierung von KI in logistischen Prozessen, gehören zu meinen Kompetenzen.	Ich kann Datenverarbeitungstechniken anwenden, um große Datensätze für KI-Anwendungen bereitzustellen. Meine Kompetenzen erstrecken sich auf fortgeschrittene Methoden wie Feature Engineering und die Integration von verschiedenen Datenquellen. Im Bereich DevOps kann ich Datenpipelines entwerfen und implementieren, die automatisch aktualisiert werden, wenn neue Daten verfügbar sind.
STUFE 4: Expertise	Ich kann anspruchsvolle Use Cases für KI-Anwendungen identifizieren und bewerten, auch in einem unternehmensweiten Kontext. Meine Expertise erstreckt sich auf die Integration von KI-Anwendungsfällen in die Gesamtstrategie eines Unternehmens sowie die Berücksichtigung langfristiger Auswirkungen, z. B. bei der Entwicklung von umfassenden Use Case-Portfolios, die die strategischen Unternehmensziele unterstützen.	Ich kann fortschrittliche Datenverarbeitungstechniken anwenden. Meine Expertise umfasst die Anwendung von Big-Data-Technologien, wie Apache Spark, für die parallele Verarbeitung großer Datenmengen. Im Bereich DevOps kann ich skalierbare und effiziente Datenverarbeitungsarchitekturen entwickeln, die den Anforderungen von umfangreichen Modelltrainingsdaten gerecht werden.
STUFE 5: Führung & Einfluss	Ich kann Strategien für die Identifikation und Evaluierung von KI-Use Cases auf organisatorischer Ebene entwickeln und durchführen. Ich kann Richtlinien für die verantwortungsbewusste Auswahl von Use Cases unter Berücksichtigung ethischer, sozialer und ökologischer Aspekte erstellen. Ich beeinflusse und fördere die entsprechende Integration von KI-Anwendungsfällen in die Unternehmensstrategie.	Ich kann unternehmensweite Strategien für die Datenverarbeitung im Zusammenhang mit KI entwickeln. Dies umfasst z. B. die effektive Datenprozessierung, die Auffindbarkeit von Daten im Unternehmen oder die Sicherstellung der Datenqualität. Ich beeinflusse die Integration von fortschrittlichen Technologien in die gesamte KI-Entwicklung. Im Bereich DevOps kann ich für skalierbare und effiziente Datenpipelines als Basis für unternehmensweite KI-Initiativen sorgen.

dem Kapitel zur Unternehmensmaturität (Abschn. 7.1.2.) ein entsprechendes Zielbild erstellen und es ebenfalls im Netzdiagramm visualisieren.

Wenn Sie nun das (Self-)Assessment (Ist-Zustand) und das von KI-Strategie und Wunsch-Maturität abgeleitete Kompetenz-Zielbild (Soll-Zustand) übereinander legen, können Sie eine Gap-Analyse durchfüh-

Tab. 7.2 (Self-)Assessment in 7 Kategorien anhand von aufsteigenden Kompetenzstufen (1–5) – Kategorien „KI-Modelle entwickeln" und „KI nutzen & Ergebnisse bewerten"

	KI-Modelle entwickeln	KI nutzen & Ergebnisse bewerten
STUFE 1: Bewusstsein	Ich kenne grundlegende Konzepte der Modellierung und des Trainings von KI, wie z. B. Regression oder Bewertungsmetriken. Mir ist bewusst, dass KI-Modelle auf umfangreichen und repräsentativen Daten trainiert werden müssen, um aussagekräftige, korrekte Ergebnisse zu erzielen.	Ich kenne verschiedene Einsatzbereiche von KI und verstehe grundlegende Konzepte. Ich erkenne die Relevanz von KI in meinem Arbeitsalltag und bin mir ethischer und datenschutzrechtlicher Risiken bewusst. Manche KI-Anwendungen benutze ich selbstständig und mehrmals im Monat.
STUFE 2: Anwendung	Ich kann grundlegende KI-Modelle anwenden, trainieren und bewerten, um einfache Aufgaben zu lösen. Beispielsweise kann ich ein Bildklassifizierungsmodell erstellen und trainieren, um verschiedene Objekte zu identifizieren. Dabei verstehe ich, wie Hyperparameter die Leistung des Modells beeinflussen, und kann einfache Anpassungen vornehmen.	Ich kann mit KI-Anwendungen interagieren, z. B. durch fortgeschrittenes Prompting, und erhalte gewünschte Ergebnisse, die ich weiter optimieren oder nutzen kann. Mindestens eine KI-Anwendung ist fester Bestandteil meines Arbeitslebens. Datenschutzregelungen wie die DSGVO sind mir bekannt und ich wende mein Wissen in der Praxis an.
STUFE 3: Kompetenz	Ich kann komplexere KI-Modelle eigenständig trainieren und evaluieren. Dies umfasst die Anwendung von fortgeschrittenen Techniken wie Ensembles, Transfer Learning oder die Optimierung von neuronalen Netzwerkarchitekturen. Meine Kompetenz erstreckt sich auch auf MLOps, einschließlich der Implementierung einer CI/CD-Pipeline für die automatisierte Bereitstellung von Modellen in Produktionsumgebungen.	Ich kann eigenständig fortgeschrittene KI-Technologien nutzen, um Projekte umzusetzen und KI in Geschäftsprozesse zu integrieren. Die Optimierung von KI-Anwendungen und die kritische Bewertung von KI-Systemen gehören zu meinen Fähigkeiten. Ich berate Teams in effektiver KI-Nutzung und schule Mitarbeitende im Umgang mit KI-Anwendungen.
STUFE 4: Expertise	Ich kann fortschrittliche KI-Modelle entwickeln, die komplexe Probleme lösen. Meine Expertise erstreckt sich auf den Einsatz verschiedener Deep Learning (und weiterer ML)-Techniken für die Verarbeitung unterschiedlicher Daten (Text, Bild, Audio bis Zeitreihen oder Tabellen). Im Bereich MLOps kann ich umfassende Pipelines bauen, die nicht nur das Training, sondern auch das Monitoring und die kontinuierliche Verbesserung der Modelle beinhalten.	Ich kann maßgeschneiderte KI-Lösungen für komplexe Herausforderungen einsetzen und KI in strategische Ziele integrieren. Ich recherchiere aktiv im Bereich der KI-Anwendungen und Innovationen bzgl. ihrer Tauglichkeit für spezifische Einsatzbereiche überprüfen und bewerten.
STUFE 5: Führung & Einfluss	Ich kann die Modellierung und das Training von KI auf strategischer Ebene leiten. Meine Führung beinhaltet die Entwicklung von Richtlinien für verantwortungsvolle Praktiken, insbesondere in sensiblen Bereichen. Ich beeinflusse die Integration von MLOps-Praktiken in die gesamte Data Science- und KI-Entwicklung, um reproduzierbare und nachverfolgbare Modellentwicklung zu gewährleisten.	Ich kann KI-Strategien auf organisatorischer Ebene leiten und KI in verschiedene Unternehmensprozesse integrieren. Ich kann die Verantwortung für die Entwicklung ethischer Leitlinien für KI-Anwendungen sowie die Schulung von Teams im Umgang mit komplexen KI-Anwendungen übernehmen. Ich engagiere mich auch außerhalb meines Unternehmens im Bereich KI, um den verantwortungsbewussten Einsatz von KI zu fördern.

7 KI-Kompetenz im Unternehmen ...

Tab. 7.3 (Self-)Assessment in 7 Kategorien anhand von aufsteigenden Kompetenzstufen (1–5) – Kategorien „Kommunikation" und „Security & Privacy"

	Kommunikation	Security & Privacy
STUFE 1: Bewusstsein	Ich kann die Grundprinzipien von KI verstehen und weiß z. B., was Bias ist und warum transparente Kommunikation darüber wichtig ist. Ich verstehe, dass Menschen unterschiedliche Perspektiven und Kenntnisse von KI haben und weiß, dass man KI-Kommunikation an verschiedene Gruppen anpassen muss.	Ich verstehe die grundlegenden Konzepte der Datensicherheit und des Datenschutzes. Ich kann offensichtliche Risiken in und bei KI-Anwendungen identifizieren, wie etwa Halluzinieren oder Diskriminierung. Mir ist die Bedeutung von Passwörtern und grundlegenden Datenschutzmaßnahmen bewusst.
STUFE 2: Anwendung	Ich kann einfache KI-Technologien und deren Anwendungen verständlich präsentieren und erklären, wie sie den Alltag beeinflussen können. Ich weiß um die Auswirkungen von guter KI-Kommunikation auf die Akzeptanz von KI in spezifischen Anwendungsbereichen. Ich kann Menschen mit unterschiedlichen Kenntnissen helfen, das notwendige Vokabular und grundlegendes Wissen zu erwerben.	Ich kenne die Bedeutung von Regulierungen und -standards (DSGVO, AI Act etc.) sowie ihre Auswirkungen. Ich kann grundlegende Sicherheitsüberprüfungen durchführen, z. B. das Aktualisieren von Software und Systemen oder Audits nach Einweisung. Ich kann Verschlüsselung, sichere Protokolle und Zwei-Faktor-Authentifizierung zur Sicherung von Daten verwenden und kenne Risiken im Umgang mit KI, wie Adversarial Prompt Injections.
STUFE 3: Kompetenz	Ich kann KI-Kommunikationsstrategien entwickeln und umsetzen, z. B. um die Einführung eines neuen KI-Systems im Unternehmen zu vermitteln. Ich reflektiere KI-Kommunikationsansätze hinsichtlich Wirksamkeit und Verständlichkeit und kann die Kommunikation zu anspruchsvollen Anwendungen an Zielgruppen und Kontexte anpassen. Ich verwende Storytelling und fortgeschrittene Visualisierungstechniken in Tools wie PPT, Excel, Tableau oder PowerBI.	Ich kann Daten- und KI-Risikobewertungen durchführen, um Schwachstellen in einem System zu identifizieren. Ich verstehe fortgeschrittene Konzepte wie Intrusion Detection Systeme, Firewalls und VPNs. Ich bin mit bewährten Verfahren für Datenspeicherung, -löschung und Zugriffskontrollen vertraut.
STUFE 4: Expertise	Ich konzipiere KI-Kommunikationsstrategien für komplexe Projekte und bin in der Lage, eine Strategie auch umzusetzen. Ich beherrsche fortschrittliche Kommunikationsinstrumente und trage zu Forschung und Diskussion in der Fachgemeinschaft bei. Ich kann interaktive, dynamische und animierte Visualisierungen erstellen, die zur Exploration und vertieften Erkenntnis einladen.	Ich kann eine umfassende Daten- und Privacy-Strategie für den Einsatz von KI in einer Organisation oder einem Projekt entwerfen und umsetzen. Ich beherrsche spezialisierte Tools und Plattformen zur Überwachung und Reaktion auf Sicherheitsverletzungen. Ich kann die Komplexitäten internationaler (Datenschutz-)Bestimmungen navigieren und die Einhaltung gewährleisten.
STUFE 5: Führung & Einfluss	Ich kann die strategische Leitung der KI-Kommunikation übernehmen und ethische Leitlinien für transparente KI-Kommunikation gestalten. Ich kann Gefahren und Nutzen von KI-Anwendungen in fesselnde Geschichten und faszinierende Visualisierungen einweben. Ich fördere klare, verständliche KI-Kommunikation, auch durch öffentliche Auftritte, Schulungen und zivilgesellschaftliches Engagement.	Ich kann unternehmensweite Sicherheits- und Datenschutzinitiativen leiten und Richtlinien festlegen. Ich halte mich über neue Bedrohungen, Technologien und Vorschriften auf dem Laufenden und sorge für proaktive Maßnahmen. Ich kann Stakeholder bezüglich der Bedeutung von Datensicherheit und Datenschutz beim Einsatz von KI überzeugen, schulen und beeinflussen.

Tab. 7.4 (Self-)Assessment in 7 Kategorien anhand von aufsteigenden Kompetenzstufen (1–5) – Kategorie „Ethik"

	Ethik
STUFE 1: Bewusstsein	Ich kann grundlegende ethische Dilemmata im Zusammenhang mit Datensammlung, Nutzung, Interpretation und Weitergabe von KI-Ergebnissen erkennen und die Auswirkungen von Voreingenommenheit (Bias), Datenschutz und informierter Zustimmung zu (komplexen) KI-Anwendungen verstehen.
STUFE 2: Anwendung	Ich kann ethische Prinzipien und Leitlinien aktiv in meine KI-Praktiken integrieren und Respekt für die Rechte der Einzelpersonen, Datenrichtigkeit und Transparenz für Prozessierungen in meinem Arbeitsbereich sicherstellen.
STUFE 3: Kompetenz	Ich kann weitergehende ethische Auswirkungen, potenzielle Folgen und langfristige Effekte von KI-Anwendungen sowie KI-basierten Entscheidungen und Handlungen strukturiert erheben und kritisch bewerten. Hierbei berücksichtige ich vielfältige Perspektiven und mögliche Auswirkungen auf marginalisierte Gruppen.
STUFE 4: Expertise	Ich bin proaktive:r Befürworter:in für ethische KI-Praktiken innerhalb meiner Organisation, betone die Bedeutung von Datenethik in Entscheidungsfindung, Richtlinien und Verfahren und sorge für eine inklusive Perspektive. Ich verfüge über ein fortgeschrittenes Instrumentarium zur Bewertung und Lösung von kritischen Fällen des KI-Einsatzes.
STUFE 5: Führung & Einfluss	Ich kann die Gestaltung und Förderung einer ethischen KI-Kultur strategisch und operativ vorantreiben. Ich beeinflusse ethische KI-Entscheidungen nicht nur in meinem Bereich, sondern auch in größeren Kontexten, setze Standards, fungiere als Mentor:in für andere und erweitere kontinuierlich die Wahrnehmung für verantwortungsbewusste KI-Ethik.

ren: Sie sehen durch die Visualisierung im Netzdiagramm ganz eindeutig, wo der Gap, also der Unterschied zwischen dem Soll und dem Ist, am größten ist (Abb. 7.4).

Ausgehend von diesem Gap und der Wichtigkeit der jeweiligen Kategorien für Ihre Vorhaben lassen sich Dringlichkeit und Priorisierung ableiten. Auf dieser Basis können Sie dann ein Lern- und Zeitkonzept erstellen, z. B. eine Roadmap für das nächste Jahr – für jede Abteilung in einem Bereich oder für jede Person in einer Abteilung.

7 KI-Kompetenz im Unternehmen ... 121

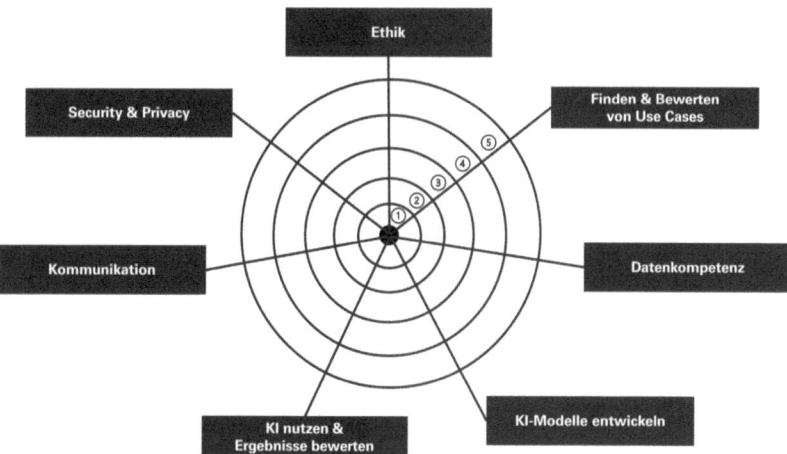

Abb. 7.2 Netzdiagramm-Vorlage für das (Self-)Assessment der individuellen KI-Kompetenzen

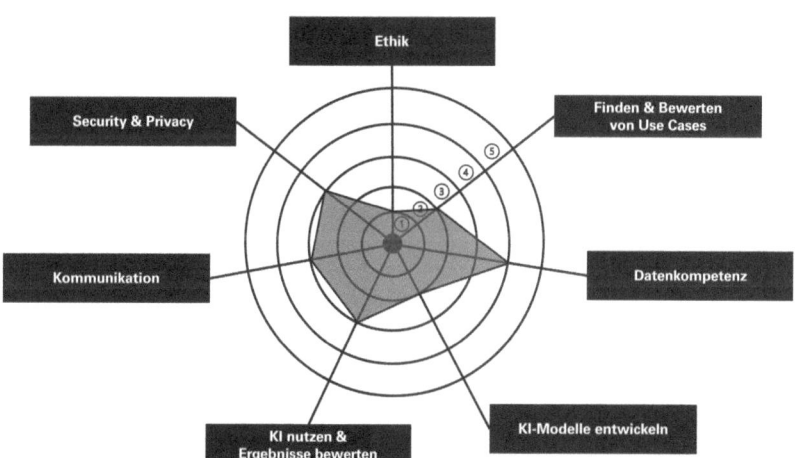

Abb. 7.3 Self-Assessment eines typischen seniorigen Analysten. Er hatte sich in den vergangenen Jahren berufsbedingt mit dem Thema Datenschutz auseinandergesetzt und besitzt bereits Kenntnisse im Bereich KI

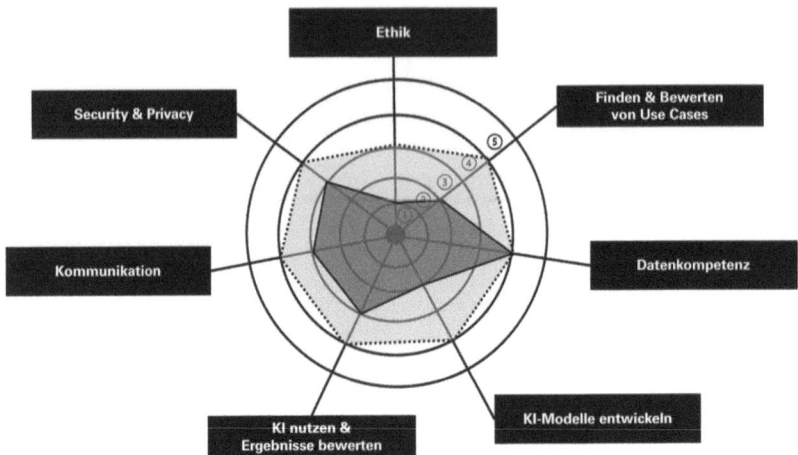

Abb. 7.4 Beispielhafte Visualisierung für die Gap-Analyse von Ist- und Soll-Zustand. (Der innere dunkelgraue Bereich beschreibt die aktuellen KI-Kompetenzen, der äußere, hellgraue Bereich die benötigten Kompetenzen für die Umsetzung bestimmter KI-Use Cases. Diese Gap-Analyse kann – entsprechend dem (Self-)Assessment – auf Personen- oder Abteilungsebene durchgeführt werden)

Für die Überführung der erkannten Bedarfe in ein konkretes und wirklich umsetzbares Lernkonzept empfehlen wir das KI-Kompetenz-Canvas (Abb. 7.5), das wir Ihnen im nächsten Abschnitt näherbringen.

7.1.4 Das KI-Kompetenz-Canvas zur Konzeption nutzen

Organisationen und ihre Mitarbeitenden müssen zügig ein fundiertes Verständnis für KI entwickeln, um nicht von Wettbewerbern abgehängt zu werden. Das KI-Kompetenz-Canvas bietet einen strukturierten Ansatz, um dieses Ziel zu erreichen (Abb. 7.5). Es hilft Ihnen dabei, das Vorgehen menschzentriert zu planen und die relevanten Informationen, Anforderungen und Entscheidungen kompakt zusammenzufassen.[2] Das

---

[2] Grundlegendes zur Arbeit mit einem Canvas, wo die Idee eines Canvas herkommt und wie Sie ein Canvas initial befüllen sowie dauerhaft nutzen können, wurde zum Beispiel hier in einem anderen Kontext dargestellt: Greiner 2023, S. 88–89.

7 KI-Kompetenz im Unternehmen ... 123

2. Anwendungsfälle Wo wird KI (künftig) angewendet? Welche Ziele und Zwecke sollen mit KI-Anwendungen erfüllt werden? Was sind relevante Anwendungen von KI im Bezug auf interne Prozesse, aber auch Services für Kund:innen?	3. Methoden, Daten, Tools Welche KI-Konzepte und Begriffe sollen im Unternehmen bekannt sein (z. B. Machine Learning, Algorithmen, Neuronale Netze, Robotik, Computer Vision)? Welche Tools und Technologien werden (künftig) eingesetzt?	4. Wissen und Kompetenzen Welche Skills benötigen die Anwender:innen für die Umsetzung der Use Cases und den Umgang mit den Tools und Technologien? Was müssen alle Anwender:innen über KI wissen? Wie tiefgreifend muss das Wissen sein?	7. Formate Welche einmaligen oder regelmäßigen Formate und Methoden bieten sich zur Erhöhung der KI-Kompetenz an? Wer sind die jeweiligen Teilnehmer:innen?	1. Anwender:innen Wer muss mit KI-Anwendungen arbeiten? Welche Personen? Welche Abteilungen?
	5. Ressourcen Welche Personen/Abteilungen bringen welche Kompetenzen und Zuständigkeiten bereits mit und welches Material steht zur Verfügung? Welche Tools und Plattformen stehen für die Wissensvermittlung zur Verfügung? Welches Budget steht zur Verfügung? Welche externen Partner können unterstützen? Wurde der KI-Reifegrad des Unternehmens bereits bestimmt?		8. Assessment und Fortschritt Wie und wie oft werden Fortschritte und Zielerfüllung gemessen und dokumentiert? Wie oft wird die gesamte KI-Kompetenz-Strategie überprüft und angepasst? Lassen sich KPIs für die KI-Kompetenz festlegen? Gibt es Incentives, Zertifikate?	
9. Risiken und Hindernisse Welche Probleme sind vorhanden oder könnten auftreten? Welche Abhängigkeiten gibt es? Welche Gefahren drohen? Welche zeitlichen und monetären Aufwände werden benötigt?			6. Mehrwert und Ziele Welcher KI-Kompetenz-Reifegrad muss in welcher Zeit erreicht werden? Auf welche Unternehmensziele zahlt eine erhöhte KI-Kompetenz (auch perspektivisch) ein? Wie dringend ist der Wissenserwerb?	

Abb. 7.5 KI-Kompetenz-Canvas

Canvas eignet sich als Tool für verschiedene Ebenen innerhalb der Organisation, sowohl für einzelne Personen, bis hin zu Personengruppen oder Abteilungen. Für die Befüllung der einzelnen Bereiche muss dann entsprechend das Abstraktionslevel angepasst werden.

Sie können mit diesem Canvas im Rahmen eines Workshops mit allen beteiligten Stakeholdern arbeiten und es zur dauerhaften Veranschaulichung der Ergebnisse nutzen. Es sollte dabei ein „lebendes Dokument" bleiben, das regelmäßig aktualisiert und an die aktuelle Tool- und Technologielandschaft Ihres Unternehmens angepasst werden sollte. Nur so kann sichergestellt werden, dass es nicht veraltet und sich eine KI-Trainingsstrategie auch langfristig daran ausrichten lässt.

Wir führen Sie nun durch die neun Stufen des KI-Kompetenz-Canvas, erläutern deren Verknüpfungen und zeigen auf, wie man mit diesem Werkzeug effektiv arbeitet. Die Positionierung der Stufen innerhalb des Canvas spiegelt dabei deren inhaltliche Nähe, Abhängigkeiten und den Fortschritt auf dem Weg zur umfassenden KI-Kompetenz-Strategie wider.

1. Anwender:innen: Identifikation der Schlüsselakteur:innen und der individuellen Situation

Im oberen rechten Bereich beginnen Sie mit der Identifikation der Anwender:innen. Hier definieren Sie, wer in Ihrer Organisation direkt mit den KI-Anwendungen arbeiten oder die Ergebnisse verwenden wird. Dies könnte ein breites Spektrum von Personen umfassen, von IT-Spezialist:innen bis hin zu Geschäftsanalyst:innen, aber auch ganze Abteilungen oder Unternehmensbereiche. Die klare Identifizierung dieser Gruppe ist fundamental, um die nachfolgenden Schritte effektiv anzugehen. Dieser Bereich steht am Anfang, damit sich die weitere Arbeit mit dem Canvas stets an den Bedürfnissen der Anwender:innen orientieren kann. Dieses Feld befindet sich ganz rechts, damit Sie im weiteren Verlauf und in den nächsten Monaten das Canvas immer von links nach rechts lesen können und Ihre Anwender:innen immer als das Ziel visualisiert haben, auf das alles hinausläuft.

Beispiel, was hier stehen könnte:
Personas, Namen einzelner Mitarbeitender, Abteilungsname oder Bereichskürzel

2. Anwendungsfälle: Definition der Einsatzbereiche
Ganz links legen Sie die Anwendungsfälle fest, da diese immer den Ausgangspunkt beim Lesen des Canvas bilden müssen. Die Anwendungsfälle hängen von den Anwender:innen ab, bedingen aber alle weiteren Ableitungen im Canvas. Dieser Schritt konkretisiert, wie und in welchen Bereichen die identifizierten Anwender:innen KI nutzen werden. Die Entwicklung von Use Cases in direkter Abstimmung mit den Anwender:innen gewährleistet, dass die KI-Technologie zielgerichtet und effektiv eingesetzt wird und die richtigen Kompetenzen erworben werden.

Beispiel, was hier stehen könnte:
„Recommendation Engine für unsere Mediathek", „Automatisierte Beantwortung von Fragen an den Kundenservice", „Dynamic-Pricing-Projekt für Saisonware"

3. Methoden, Daten, Tools: Auswahl der Werkzeuge
Rechts neben den Anwendungsfällen und als deren Ergänzung befindet sich der Bereich für Methoden und Technologie. Hier tragen Sie ein, welche KI-Methoden und -Technologien zum Einsatz kommen. Diese Antworten sollten eng an den definierten Anwendungsfällen ausgerichtet sein, um im weiteren Verlauf sicherzugehen, dass Methoden- und Technologie-Kompetenzen, die erworben werden sollen, auch wirklich auf die beabsichtigten Use Cases einzahlen.

Beispiel, was hier stehen könnte:
Datenquellen („Web Analytics", „CRM", „Product Information System"), Tools („AWS-Komponenten", „Apache Spark", „MS Copilot"), Methoden („Kollaborative Filter", „Prompting für LLMs", „Gradient Boosting (XGBoost)")

4. Skills und Knowledge: Festlegung des Bildungsbedarfs

Rechts neben „Methoden, Daten, Tools" liegt der Bereich, in dem das zu erwerbende Wissen und die geforderten Kompetenzen definiert werden sollen. Hier wird gesammelt, was die Anwender:innen benötigen, um die zuvor angegebenen KI-Methoden und -Technologien effektiv nutzen zu können. Die Entwicklung zielgerichteter Bildungsmaßnahmen gelingt nur, wenn die Ziele hier klar beschrieben werden. Dies kann auch mittels sog. User Stories – nach folgendem Muster – geschehen:

> Ich als [PERSON/GRUPPE]
> benötige die Kompetenz [FÄHIGKEIT],
> um [ZIEL] zu erreichen.

Beispiel, was hier stehen könnte:
Programmierkenntnisse und Ausprägung („R", „Expert:innenlevel SQL", „Grundkenntnisse Python"), „Ich als Führungskraft sollte über grundlegende Techniken des KI-Storytellings verfügen, um mein Team für Projekte begeistern und meinem Vorgesetzten die Ergebnisse unserer Arbeit nahebringen zu können.", „Anwendung von ChatGPT und kritische Bewertung der Ergebnisse", „eine Recommendation Engine auf Basis unserer vorhandenen Daten trainieren können"

5. Ressourcen: Bereitstellung der notwendigen Mittel

Im linken unteren Zentrum des Canvas befindet sich der Bereich für Ressourcen. Hier analysieren Sie, welche internen und externen Ressourcen zur Verfügung stehen, um die KI-Kompetenz-Initiativen zu unterstützen. Dies umfasst Budget, Personal, Materialien und externe Partnerschaften, aber auch bereits vorhandene Schulungstools, -formate oder etablierte Trainingsprozesse sollten hier gesammelt werden.

Beispiel, was hier stehen könnte:
„Vorhandene Prüfungssoftware", „Lizenzen für externe Schulungsplattform trainmenow.com", „Account für ChatGPT", „4-teiliger Videokurs »Python mit Bernhard und Tim«", „Data Storytelling Coach Julia in Abteilung P119", „4-wöchige Onboarding-Phase, die für grundlegende Schulungen genutzt werden kann"

6. Chancen und Ziele: Absichten und Perspektiven

Rechts unten finden Sie den Bereich für Chancen und Ziele. Dieser erweitert den Blickwinkel und bezieht sich auf die langfristigen Vorteile, die durch die Steigerung der KI-Kompetenz erreicht werden können. Hier geht es darum, festzuhalten, inwiefern das neue Wissen auf die strategischen Unternehmensziele einzahlen kann, um davon im nächsten Schritt die Dringlichkeit der Maßnahmen und die Intensität der Schulungsvorhaben in Form von Formaten abzuleiten.

> Beispiel, was hier stehen könnte:
> „Wettbewerbsfähig bleiben durch interne Effizienzsteigerung", „Neues Geschäftsmodell endlich realisieren", „Mitarbeiter:innen Zukunftsperspektiven und Entwicklungsmöglichkeiten bieten", „Teilnahme am Wettbewerb »Neue Lösungen für Web Analytics« im September dieses Jahres"

7. Formate: Praktische Umsetzung der Lerninitiativen

Im oberen rechten Zentrum des Canvas befindet sich der Bereich für die Bildungs- und Trainingsformate, in denen sich die Weiterbildung konkret vollziehen soll. Hier findet der wichtige Schritt statt, der die theoretischen Anliegen und Ziele in die umsetzbare Praxis überführt. Die Auswahl der Formate sollte flexibel sein und sich nach dem Bedarf der Anwender:innen richten.

> Beispiel, was hier stehen könnte:
> „Wöchentlicher Abendkurs über 2 Monate zu den Grundlagen der KI mit praktischen Beispielen und Raum zum Experimentieren", „Python-Grundkurs on demand von externen Anbietern", „Zertifikatskurs »Digitale Ethik« an der HWZ Zürich", „Pilotprojekt Peer-2-Peer Learning"

8. Assessment und Fortschritt: Überwachung und Anpassung

Direkt unterhalb der Formate liegt der Bereich für Assessment und Fortschritt, da eine Lern-Überprüfung häufig direkt von den Formaten abhängt. In diesem Schritt entwickeln und sammeln Sie Mechanismen zur Messung und Bewertung des Fortschritts in Bezug auf die KI-Kompetenz.

Dies beinhaltet die Festlegung von KPIs oder konkreten Zielen sowie eines Zeitrahmens für Überprüfungen. Dies hilft, die Strategie bei Bedarf anzupassen und den Erfolg der gesamten KI-Kompetenz-Initiative messbar und somit sichtbar zu machen.

> Beispiel, was hier stehen könnte:
> „Anzahl der Zertifizierungen für KI-Tool »TrainCopterPlane« bis Q3 verdoppeln. Derzeit: 3.", „Rolle »Verantwortlicher für Datenschutz bei KI-Anwendungen« besetzen und zwei Stellvertreter:innen benennen", „»Taskforce KI« soll bis September paritätisch aus Entwickler:innen und Analyst:innen besetzt sein – mind. je 5 Personen", „1 Person in unserer Abteilung verfügt bis Ende des Jahres über Python-Grundkenntnisse", „Alle in der Abteilung haben den KI-Grundkurs bis Ende Q2 abgelegt und die Prüfung bestanden"

9. Kosten und Risiken: Hindernisse beseitigen

Im unteren linken Bereich des Canvas befindet sich schließlich der Bereich für Kosten und Risiken. Hier bewerten Sie die finanziellen und zeitlichen Aufwendungen sowie die potenziellen Risiken und Abhängigkeiten, die mit der Implementierung und Förderung der KI-Kompetenz verbunden sind. Hindernisse, die hier bereits im Entwicklungsprozess Ihrer KI-Kompetenz-Strategie benannt werden, können frühzeitig angegangen und beseitigt werden: Gefahr erkannt, Gefahr gebannt!

> Beispiel, was hier stehen könnte:
> „Einsatz von KI im Bereich HR könnte Risiken bergen", „Externer Pythonkurs für die ganze Abteilung: 5000 €", „Qualität der CRM-Daten ist vermutlich zu schlecht für eine eigene KI-Anwendung", „Werden manche nicht an einer Weiterbildung teilnehmen, weil sie Angst vor der Prüfung haben? Wie können wir das umgehen?", „Was sagt der Betriebsrat zu unseren Vorhaben?"

Wenn Sie jeden Schritt sorgfältig und in der angegebenen Reihenfolge durchlaufen, können Sie mit diesem Canvas eine solide Grundlage für die Entwicklung der KI-Kompetenz in Ihrer Organisation schaffen.

7.1.5 Zukunftsfähig bleiben: Drei-Kompetenz-Horizonte & TrendEcholot

Die rasante Entwicklung der KI wird nicht so schnell aufhören. Innovationen und Technologien werden uns auch in den nächsten Jahren zwingen, weiterzulernen und uns mit neuen Skills auszustatten. Die Frage ist, wie man es schafft, keinen Trend zu verpassen und vor allem schon möglichst früh zu erfassen, welcher Hype einfach verpuffen wird und mit welchem man sich wirklich auseinandersetzen sollte. Wir empfehlen Ihnen daher die folgenden zwei Methoden, die Ihnen helfen, die Trendschau spielerisch zu meistern und fit für die Zukunft zu bleiben.

Drei-Kompetenz-Horizonte
Die Herausforderung, die viele Unternehmen heute bewältigen müssen, besteht darin, eine ausgewogene Balance zwischen der Optimierung des bestehenden Kerngeschäfts und der Exploration neuer Ideen zu finden. Oft liegt der Fokus zu stark auf der Optimierung des gegenwärtigen Geschäftsmodells. Dies hat zur Folge, dass innovative Vorhaben und neue Ideen entweder im operativen Alltag untergehen oder nicht mit dem gebotenen Fokus und den notwendigen Ressourcen vorangetrieben werden. Das 3-Horizonte-Modell, das 1999 von McKinsey-anern veröffentlicht wurde (Baghai et al., 2000, S. 3), adressiert genau dieses Problem, indem es dem Innovationsmanagement einen klaren Rahmen gibt.

Dieses Vorgehen machen wir uns nun auch zunutze, um den strategischen und sinnvollen Ausbau von Kompetenzen im eigenen Unternehmen zu antizipieren und zu gestalten (Abb. 7.6).

Die klare Zuordnung von künftigen Kompetenzanforderungen zu diesen Horizonten ermöglicht es Unternehmen, sowohl ihre bestehenden Prozesse zu optimieren und mehrwertstiftender zu gestalten als auch gleichzeitig Raum für kreative Innovationen und Entwicklungsmöglichkeiten für Mitarbeitende zu schaffen.

- **Horizont 1 – Optimieren im Kern; Zeitrahmen: 0–6 Monate.** Hier liegt der Fokus auf der kontinuierlichen Verbesserung und Optimierung der vorhandenen Kompetenzen bei Aufgaben, die ohnehin bereits erfüllt werden.

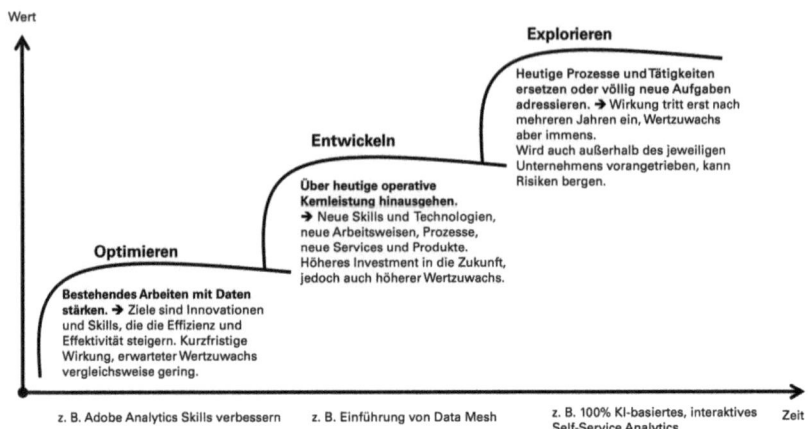

Abb. 7.6 Das Drei-Horizonte-Modell übertragen auf Kompetenzen im Bereich Daten & KI

- **Horizont 2 – Wachsen am Kern; Zeitrahmen: 6–18 Monate.** Dieser Horizont konzentriert sich darauf, die Kernkompetenzen zu erweitern und neue Kompetenzen, die in näherer Zukunft gebraucht werden, zu identifizieren und zu entwickeln.
- **Horizont 3 – Erneuern; Zeitrahmen: 18–36 Monate.** Der dritte Horizont steht für die Erneuerung und Innovation. Hier werden völlig neue Ideen und Ansätze verfolgt, die völlig neue Kompetenzen erfordern.

Man kann sich die drei Horizonte auch wie die Brennweite eines Fernglases vorstellen, mit dem unterschiedlich weit geblickt wird, weil zu unterschiedlichen Zeitpunkten unterschiedliche Skills relevant sein können (Diehl, 2018).

Mit dem Drei-Horizonte-Modell lässt sich die dauerhafte Weiterentwicklung von (KI-)Kompetenzen im Unternehmen also recht gut planen. Doch wie genau identifiziert ein Unternehmen die kommenden Trends, die neue Kompetenzen erst erforderlich machen? Dafür kann die sogenannte TrendEcholot-Methode (Abb. 7.7) verwendet werden, die 2021 bei FELD M in München zunächst für interne Zwecke entwickelt

7 KI-Kompetenz im Unternehmen ...   131

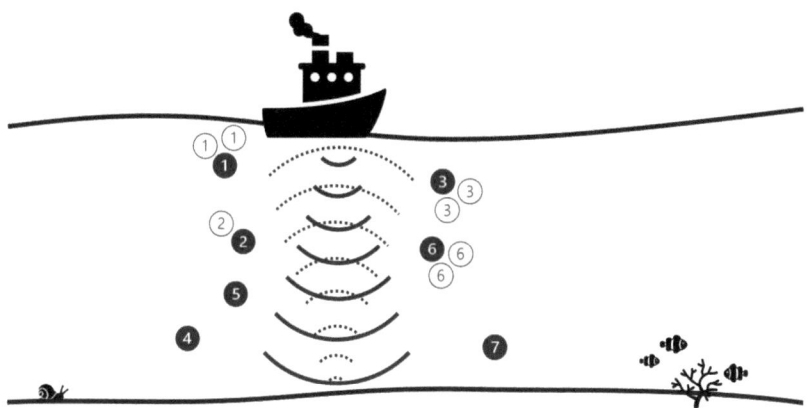

Abb. 7.7 Schematische Darstellung der TrendEcholot-Methode. (Die dunklen Zahlen stellen ein in Schritt 1 eingebrachtes Thema dar. Die weißen Zahlen symbolisieren die in Schritt 2 erfolgte Rückkopplung aus der Runde zu diesem Thema. Die Platzierung der einzelnen Cluster in der relativen Nähe zum Boot ergibt sich aus der Priorisierung in Schritt 3. In diesem Beispiel gab es keine „Resonanz" auf die Themen 4, 5 und 7, weshalb diese heruntergepriorisiert wurden)

wurde, nun aber immer mehr auch bei externen Workshops Anwendung findet. Während das Drei-Horizonte-Modell also in die Ferne blickt, schaut das Echolot in die Tiefe und versucht, zunächst die Relevanz von Trends zu ergründen.

TrendEcholot
Ein Echolot wird in der Schifffahrt vor allem dazu verwendet, Wassertiefe elektroakustisch zu messen, indem von einem Boot aus Schallimpulse ausgesendet werden und man die Zeit misst, die es braucht, bis die vom Gewässerboden zurückgeworfenen Schallwellen wieder am Boot ankommen.

Ganz analog empfehlen wir Ihnen, auch beim Trend-Scouting in Ihrem Unternehmen eine Methode anzuwenden, die nicht nur Ihre Sicht auf die Dinge widerspiegelt, sondern auch aktiv hinterfragt, welche Signale von der Außenwelt an Sie und Ihre Kolleg:innen oder Mitarbeitenden herangetragen werden. So können Sie Trends früh erkennen, abklopfen, inwiefern ein Thema relevant für Sie sein könnte, und diese Trendthemen priorisieren, damit Sie eine klare Roadmap haben und vor lauter Trends nicht durcheinanderkommen. Es geht darum, neue Trends zu bemerken, bereits Aufgeschnapptes nicht aus den Augen zu verlieren und Themen sinnvoll und begründet zu priorisieren sowie strategisch anzugehen.

Das TrendEcholot ist als Methode für regelmäßige interne Workshops (z. B. einmal pro Quartal oder Halbjahr) gedacht, die unter Umständen auch durch externe Stakeholder und Expert:innen ergänzt werden können. Die Arbeit mit der TrendEcholot-Vorlage gestaltet sich als vierstufiger Prozess:

1. **Eigenperspektive | Themen nennen:** Im ersten Abschnitt eines Workshops sammeln wir, welche neuen Trend- oder Hype-Themen die Teilnehmer:innen als für die Zukunft wichtig erachten. Dabei können sie sich auf Gespräche, Nachrichten, Blog-Artikel oder selbst festgestellte Bedarfe beziehen, die erkannt wurden.
2. **Fremdperspektive | Rückkopplung sammeln:** In einem zweiten Schritt sammeln wir in der Runde, was bzgl. dieser Themen von außen (Kund:innen, externe Expert:innen, Konferenzen, neue Gesetze, Wettbewerber) an uns herangetragen wurde und wie viele der Kolleg:innen dieses Thema schon gehört haben oder wo ihnen aufgefallen ist, dass es schon einmal aufgetaucht wäre. Diese Informationen werden zu den ursprünglichen Ideen aus Schritt 1 hinzugefügt, sodass einzelne Cluster (z. B. aus Haftnotizzetteln) entstehen.
3. **Priorisierung | Trendcluster benennen und abstecken:** In einem dritten Schritt werden diese Einzelcluster – wo möglich und sinnvoll – zu größeren Trendclustern zusammengefasst. Anschließend werden alle Cluster priorisiert. Dabei gilt: Je relevanter ein Thema ist, desto näher wird es am Boot platziert.
4. **Zuständigkeiten | Aufgaben verteilen:** Darauf aufbauend werden nun Aufgaben verteilt und Wege besprochen, wie die einzelnen priorisierten Themen angegangen werden sollen und wer die Verantwortung für einzelne Cluster übernimmt.

> **Beispiel: TrendEcholot Workshop**
>
> Schritt 1: Person A sagt, dass sie in einem Blogartikel auf das Thema „Machine Unlearning" gestoßen ist, also die Frage, wie ML-Modelle Gelerntes wieder verlernen können.
> Schritt 2: Person B sagt, dass sie das Thema auf einer Konferenz zum Thema „Trustworthy AI" ebenfalls schon einmal auf der Agenda gesehen hat und dass den Vortrag jemand aus einem DAX-Konzern gehalten hat. Person C sagt, das Thema sei auch in geselliger Runde bereits am Rande des 37C3-Kongresses des Chaos Computer Clubs Ende Dezember 2023 aufgekommen.
> Schritt 3: Die Gruppe diskutiert die Relevanz des Themas für das Unternehmen und stellt fest, dass die Maturität der KI-Anwendungen im Unternehmen noch nicht groß genug ist und man sich zunächst auf das Training der Modelle konzentrieren wolle. Da man das Thema aber spannend findet, wird es nicht verworfen, sondern bspw. an die 6. Stelle gesetzt, sodass man im nächsten Quartal oder Halbjahr noch einmal einen Blick darauf werfen kann.
> Da das Thema nicht akut behandelt wird, wird es in Schritt 4 nicht mehr thematisiert.

Der nächste TrendEcholot Workshop, der nach etwa 3–6 Monaten stattfinden sollte, beginnt, indem die (Zwischen-)Ergebnisse zu den Themen und Aufgaben aus dem letzten Workshop geteilt werden. Die physische oder digitale Vorlage vom letzten Mal sollte wiederverwendet und lediglich angepasst oder die Ergebnisse in eine neue Vorlage übertragen werden. Mit digitalen Tools geht dies genauso leicht wie mit Haftnotizzetteln auf einem großen Papier. Die bereits bearbeiteten Themen können dann re-priorisiert und/oder nachgeschärft werden.

Danach wiederholen sich die Schritte 1–4. Zu den vorhandenen Ideen sollten auch wieder neue Ideen und Themen eingebracht werden. Für die Priorisierung bei Schritt 3 werden dann alte und neue Themen gleichermaßen berücksichtigt.

7.1.6 Daten- und KI-Kultur etablieren

Die in diesem Hauptkapitel skizzierten Schlüssel zur KI-Kompetenz wirken auch über ihren eigentlichen Zweck hinaus. Menschen, die

KI-Kompetenz erworben haben, werden zu wertvollen Evangelist:innen im Unternehmen: Sie wissen nicht nur, wie sie Tools anwenden können oder wie Deep Learning funktioniert, sondern erkennen, thematisieren und beseitigen die in Kap. 3 beschriebenen Risiken und nutzen und befördern auch die Chancen, die KI bietet. Der individuelle Kompetenzerwerb trägt somit nicht nur zur persönlichen Weiterbildung bei, sondern auch zu einer gelebten Daten- und KI-Kultur im Unternehmen, wovon die ganze Organisation profitiert.

Eine gelebte KI-Kultur basiert auf gemeinsamen Werten und Normen, die sich durch gemeinsame Rituale und Artefakte vertiefen, die wiederum in ihrer Regelmäßigkeit übergeordnete Verhaltensweisen und Traditionen herausbilden. Bedingung und Ergebnis einer solchen KI-Kultur ist, dass alle Beteiligten dieselbe Sprache sprechen, sodass ein lebendiger Austausch stattfinden kann. Dies geschieht aber nicht von selbst und kann nur zu einem geringen Maße top-down vorgegeben werden. Eine KI-Kultur muss sich entwickeln und vor allem von den Partizipant:innen getragen werden. Folgende Beispiele zeigen, wie die KI-Kompetenz einzelner Mitarbeiter:innen die KI-Kultur des Unternehmens befördern kann:

- **Besseres Verständnis und Kommunikation:** Personen, deren KI-Kompetenz gefördert wurde, verstehen nicht nur die technischen Aspekte von KI, sondern können komplexe Konzepte auch verständlich kommunizieren. Dies ermöglicht eine verbesserte Zusammenarbeit zwischen technisch versierten Teams und anderen Abteilungen im Unternehmen. Doch es geht nicht um eine reine Übersetzungsleistung: KI- oder Data Storytelling kann dafür sorgen, dass alle Stakeholder hinter einem KI-Projekt stehen – und dies kann über Erfolg oder Misserfolg entscheiden. Beispielsweise könnte eine KI-versierte Marketingexpert:in den Wert von Maschinellem Lernen für personalisierte Marketingkampagnen effektiv und anschaulich erklären und ihr Team dafür begeistern.
- **Innovation und Identifikation von Anwendungsfällen:** Menschen mit hoher KI-Kompetenz sind in der Lage, innovative Anwendungsfälle für KI zu identifizieren. Sie können Chancen erkennen, wo KI die Geschäftsprozesse verbessern kann – sei es durch Automatisierung von Prozessen, Vorhersageanalysen oder kund:innenzentrierte Lösungen. Beispiele aus dem Bereich Web Analytics:

- Nutzung von KI-Methoden zur Bewertung der Effektivität von Marketingkampagnen oder zur Vorhersage von Conversion-Raten.
- Implementierung von Predictive Analytics, um vorausschauende Modelle zu nutzen, mit denen das Nutzer:innenverhalten vorhergesagt und personalisierte Website-Inhalte bereitgestellt werden können.
- Wissen um Natural Language Processing (NLP) und Maschinelles Lernen befördert die Implementierung von Chatbots. Diese Chatbots können nicht nur die Interaktion mit den Nutzer:innen verbessern, sondern auch wertvolle Einblicke in Kund:innenanfragen und -präferenzen bieten.

- **Schulung und Empowerment:** Evangelist:innen für KI-Kompetenz motivieren auch Kolleg:innen zu Schulungen und Workshops. Sie tragen dazu bei, eine breitere Gruppe von Mitarbeiter:innen mit den Grundlagen der KI vertraut zu machen und KI-basierte Werkzeuge effektiver zu nutzen. Dies fördert eine inklusive Datenkultur, in der Mitarbeitende aller Abteilungen aktiv am KI-Entwicklungsprozess teilnehmen können. KI-Evangelist:innen im Unternehmen können auch als Anlaufstelle für Fragen fungieren und damit niedrigschwelligen und permanenten Austausch fördern.
- **Community und Austausch:** Neben Anlaufstellen für Fragen müssen weitere Artefakte geschaffen werden, die helfen, eine KI-Kultur zu etablieren. Dazu gehören regelmäßige Meetingformate, zielgerichtete Abstimmungen, Formate, die die Fehlerkultur und den offenen Austausch fördern, bestimmte Dokumentationen sowie immer wieder eine strukturierte Vorausschau auf das, was noch kommen könnte. Welche dieser Formate Sie in Ihren Artefakte-Mix aufnehmen sollten, hängt von Ihrer Unternehmens-/Abteilungsgröße und Struktur ab, aber auch von Ihrer Maturität und dem Einsatz von KI bzw. der Menge an KI-Projekten in Ihrem Unternehmen. Der Artefakte-Mix sollte auch selbst eine Experimentierkultur befördern, bei der Formate getestet, eingeführt und verworfen werden können. Wie bei einer Perlenkette können Sie sich Ihren initialen Mix zum Beispiel aus den Artefakten in Abb. 7.8 zusammenstellen und dann je nach Anwendungsfall anpassen.

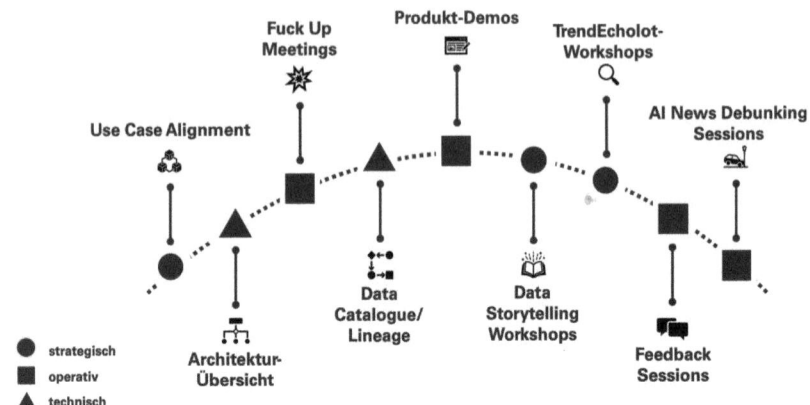

Abb. 7.8 Der Artefakte-Mix in einer Organisation mit ausgeprägter Daten- und KI-Kultur

- **Kultur der kontinuierlichen Verbesserung:** KI-Evangelist:innen begünstigen eine Kultur, die Veränderung und kontinuierliche Verbesserung schätzt. Sie können die Einführung neuer KI-Technologien vorantreiben und sicherstellen, dass ihre Kolleg:innen offen für den Einsatz von fortschrittlichen Analysemethoden sind, wie bspw. die Nutzung von KI-Methoden zur Bewertung der Effektivität von Marketingkampagnen oder zur Vorhersage von Conversion-Raten in Web Analytics.
- **Fehlervermeidung und ethischer Einsatz:** Evangelist:innen integrieren ethische Überlegungen in KI-Projekte und helfen den Kolleg:innen, sich der Herausforderungen und kritischen Anwendungen immer mehr bewusst zu werden. Dadurch wird ein verantwortungsbewusster Umgang mit KI sichergestellt. Zum Beispiel tragen KI-versierte Mitarbeitende dafür Sorge, dass beim Training von KI-Modellen ethische Richtlinien eingehalten werden, um Verzerrungen und Diskriminierung zu minimieren. Besonders auf die Einhaltung des Datenschutzes an der Schnittstelle von KI und Web Analytics werden die Evangelist:innen großen Wert legen und Kolleg:innen dafür sensibilisieren.

Eine erhöhte KI-Kompetenz im Unternehmen befruchtet also viele weitere Projekte, Abteilungen und Prozesse und fördert unternehmensweit eine positive und aufgeschlossene Daten- und KI-Kultur. Durch ihre Rolle als Evangelist:innen tragen KI-kompetente Kolleg:innen zur Integration von KI in alltägliche Geschäftsprozesse bei, regen die Reflexion über Prozesse und den ethischen Einsatz von KI an und schaffen eine Umgebung, in der Innovation nachhaltig stattfinden kann.

7.2 Exemplarische Trainingsformate und Curriculum für einen Grundlagenkurs

Im Verlauf dieses Buches haben wir gesehen, dass es weder einen standardisierten Lernprozess geben kann, noch Lerninhalte, die für alle Anwendungsfälle gelten. Natürlich muss ein gewisser Grundstock an Wissen zur KI vorhanden sein: Die grundsätzliche Funktionsweise Maschinellen Lernens sollte ebenso von allen Anwender:innen verstanden sein, wie die Begrifflichkeiten durchdrungen und verwendet werden können sollten (z. B. um nachvollziehen zu können, warum ChatGPT an manchen Stellen mehr halluziniert als an anderen oder worin genau die Risiken von KI-Anwendungen bestehen, die beispielsweise der AI Act zur Grundlage seiner Klassifizierung der Anwendungen nutzt). Dies ist entscheidend, um sich über Technologien und Problemstellungen adäquat austauschen sowie KI-Ergebnisse richtig einordnen und bewerten zu können. Alles, was über diese Grundlagen hinausgeht, muss sich jedoch an den unmittelbaren Anforderungen des Individuums in seinem speziellen Kontext orientieren.

Darüber hinaus gilt es auch, grundsätzliche Mechanismen des Lernens und der beruflichen wie privaten Weiterbildung für Angestellte in dieser VUCA-Zeit zu verstehen.

„There's a common misconception that we'll all need to develop highly technological or scientific skills to succeed. Yet while it will be necessary for people to work with technology, we're also seeing a growing need for people to develop specialized skills for how they interact with each other. These include creativity, collaboration and interpersonal dynamics, as well as skills related to specialized sales, human resources, care and education roles." (Zahidi, 2020) (Foelsing & Schmitz, S. 42)

Beschäftigt man sich mit den Anforderungen an Menschen im 21. Jahrhundert und vor allem mit den Kompetenzen, die im Arbeitsumfeld gefragt sind, stößt man unweigerlich auf die sogenannten „4 Cs" – oder wie man sie im Deutschen nennt: Das 4 K-Modell. Gemeint sind die Kompetenzen „Kommunikation, Kreativität, Kollaboration und kritisches Denken", die auf die US-amerikanische Non-profit Organisation „Partnership for 21st Century Learning (P21)" zurückgehen. Natürlich gibt es unterschiedliche Meinungen über die grundlegenden Kompetenzen der Zukunft, doch seit das Modell in Deutschland 2013 durch einen Vortrag von Andreas Schleicher größere Bekanntheit erlangt hat, haben sich viele Fachleute diesen „4Ks" angeschlossen. Sie müssen ganz unabhängig von der rein fachlichen KI-Kompetenz vermittelt werden, um auch weitergehendes Re- und Upskilling sowie die Zusammenarbeit im Unternehmen übergreifend zu fördern.

Diese 4Ks gelten zwar nach wie vor, obwohl sie schon aus den frühen 2000er Jahren kommen, doch sind noch einige Kompetenzen dazugekommen, die für ein erfolgreiches Arbeitsleben in der Zukunft entscheidend sein werden: Es wird darum gehen, sich im Chaos der Komplexitäten zurechtzufinden und eigene Strategien für ein eigenständiges lebenslanges Lernen zu haben. Es geht in einer globalisierten Welt immer mehr um interkulturelle sowie andere zwischenmenschliche Kompetenzen – wie emotionale und soziale Intelligenz oder die Fähigkeit, aktives Networking zu betreiben. Genau diese zwischenmenschlichen Kompetenzen sind es doch, die uns von der KI unterscheiden und die nicht ersetzt werden können oder zumindest nicht so leicht.

Was nun gerade seit dem letzten Jahr sehr gefragt ist und vermutlich auf weite Sicht nicht wieder verschwinden wird, ist die neu zu erlernende Fähigkeit, mit KI-Maschinen zu interagieren und sie zur Unterstützung der eigenen Arbeit zu nutzen. Dabei kann die Interaktion mit der Maschine auf so unterschiedliche Arten geschehen, dass es schwerfällt, hier pauschale Hinweise an die Hand zu geben. Natürlich, grundlegende Prompting-Kompetenzen für Eingabemasken à la ChatGPT sind vermutlich etwas, was wir alle brauchen. Doch wie Sie mit einem Sex- oder Pflegeroboter umgehen, wie Sie ein KI-Analytics-Tool en Détail steuern – durch Prompting oder Programmierung – oder wie Sie für Ihr Arbeitsleben auf einen KI-basierten Assistenten für allerlei Anwendungszwecke zurückgreifen, ist zu individuell, um es hier niederzuschreiben.

Doch nicht nur das „Was", sondern auch das „Wie" des Lernens hat sich verändert. Wir sind von Werbung, guten Bildern und Visualisierungen, catchy Headlines und pointierten TED-Talks inzwischen so verdorben für eine Lehre auf durchschnittlichem Schulungsniveau, dass das Lernen schwerfällt. Das heißt, wir müssen unsere Lehrmethoden dahingehend anpassen, dass sie einen möglichst hohen Unterhaltungswert haben, Methoden des Storytellings nutzen und die Informationen mundgerechter vermitteln. Dabei besteht jedoch die Gefahr der Komplexitätsreduktion (Foelsing & Schmitz, 2021, S. 40), die in manchen Fällen sicherlich ein Gewinn ist, jedoch kaum flächendeckend Leute dazu befähigen wird, die komplexen Probleme unserer Zeit zu lösen.

Im Folgenden geben wir Ihnen einen kurzen, exemplarischen Überblick, wie Sie mit Ihrer KI-Kompetenz-Initiative bei sich im Unternehmen starten können, damit Sie einen Eindruck von einer Gruppierung der Inhalte und notwendiger Kompetenzmodule gewinnen können. Angelehnt an dieses Schema können Sie dann auch die Module für Ihre KI-Kompetenz-Initiative nach und nach ausgestalten.

Modul 1: Einführung in die KI

- **Lernziel:** Grundverständnis von KI, wichtigen Begriffen, der Geschichte der KI, den rechtlichen Grundlagen, ökologischen Effekten und aktuellen Entwicklungen; Erkennen konkreter Anwendungsfelder für KI im Unternehmen
- **Trainingsformate:** Vortrag und Workshop, Einführungsvideos, Gastvorträge von KI-Expert:innen, Newsletter
- **Lernbeispiel:** Diskussionen über Fallstudien zu erfolgreichen KI-Projekten in verschiedenen Branchen

Modul 2: Datenkompetenz und Visualisierung

- **Lernziel:** Grundlegende Kenntnisse über Daten und Datenstrukturen, die Bedeutung von Datenqualität und wie man passende Visualisierungen wählt und liest

- **Trainingsformate:** Workshop-Reihe zur Datenanalyse, -verarbeitung und -visualisierung, interaktive Webinare
- **Lernbeispiel:** Analyse und Aufbereitung eines realen Datensatzes, idealerweise für ein KI-Projekt, z. B. Kund:innenfeedback-Analyse.

Beispiel: Die 10 Vs der Datenkompetenz

Im Buch „Analytics und AI" (Greiner et al., 2022, S. 142) wurde skizziert, dass ca. 2015 der Big Data Hype dazu geführt hat, dass Unternehmen plötzlich in 3 Vs (Volume, Velocity, Variety) über ihre Daten nachgedacht haben. Inzwischen bedarf es noch ein paar Vs mehr. Ein Verständnis der folgenden 10 Vs und ihrer Wichtigkeit für verschiedene Einsatzzwecke ist Ausdruck einer Datenkompetenz, die schließlich die Grundlage für die KI-Kompetenz darstellt:

1. Volume = Die Menge an generierten Daten
2. Validity = Akkuratheit der Daten für den intendierten Zweck
3. Value = Welcher Mehrwert kann sich aus den Daten ergeben?
4. Veracity = Wie verlässlich sind die Daten?
5. Velocity = Die Geschwindigkeit in der Daten erhoben, geupdatet, gesammelt und analysiert werden
6. Variability = Inkonsistenz und Neudefinitionen bzw. sich ändernde Definitionen für dasselbe Dataset im Laufe der Zeit
7. Variety = Unterschiede in den Dateiformaten, Datenstrukturen und Quellen
8. Visualization = Wie erstellt man aussagekräftige Visualisierungen für verschiedene Daten-Use Cases?
9. Vocabulary = Gemeinsames Verständnis von Begrifflichkeiten
10. Vulnerability = Wo bergen die Daten Risiken, die Projekte gefährden können?

Mit diesen Begrifflichkeiten sollten Sie versiert umgehen können und in der Lage sein, zu verstehen, welche Auswirkungen die einzelnen Vs in ihrer Ausprägung auf Daten- und damit auch KI-Projekte haben können.

Modul 3: Technisches Verständnis von KI

- **Lernziel:** Grundlegende Kenntnisse über Konzepte des Maschinellen Lernens; Verständnis des Ressourcenverbrauchs von KI
- **Trainingsformate:** Vortrag und Workshops, Online-Tutorials, Hackday mit praktischen Übungen, Coursera-Kurs
- **Lernbeispiel:** Entwicklung eines einfachen KI-Modells (z. B. Entscheidungsbaum) zur Klassifizierung von Spam-E-Mails

Modul 4: Eigene KI bauen (optional; Aufbautraining zu Modul 3)

- **Lernziel:** Verständnis der Datenaufbereitung für KI-Anwendungen, Feature Engineering, Modellauswahl und -evaluation sowie Umsetzung
- **Trainingsformate:** (Online-)Trainings, z. B. bei Udemy oder Coursera, spezifische Kurse der Cloud-Anbieter, z. B. das ML Engineer Zertifikat der GCP.
- **Lernbeispiel:** Konzeption und Entwicklung eines KI-Projekts für ein reales Unternehmensproblem, z. B. ein spezialisierter Chatbot oder ein Vorhersagemodell

Modul 5: Interaktion mit KI-Systemen

- **Lernziel:** Effektive Interaktion mit verschiedenen KI-Systemen, einschließlich Chatbots und Analysewerkzeugen; Kenntnis der rechtlichen Rahmenbedingungen zu Urheberrecht, Datenschutz und Nutzung von KI; versierte Bewertung, Verifikation bzw. Falsifikation von Ergebnissen
- **Trainingsformate:** Expert:innen-Vortrag, Prompting-Guides, firmenweiter Prompting-Wettbewerb, interaktive Workshops
- **Lernbeispiel:** Praktische Anwendung von Chatbots und Nutzung von KI-Tools im Alltag; vertiefende Anwendungsbeispiele wie Datenanalyse und kritische Bewertung der Ergebnisse

Wie schreibt man einen guten Prompt?

Beispiele:
Schlecht: „Schreibe mir eine Zusammenfassung über KI-Kompetenz."
Besser: „Wir schreiben ein gemeinsames Fachbuch zu KI-Kompetenz in Analytics. Zielgruppe sind Fachleute und Studierende aus dem Bereich Analytics, die für sich oder ihr Unternehmen einen Einstieg in KI suchen. Du bist der Lead AI-Strategie von Google und schreibst einen Gastbeitrag mit bis zu 1000 Wörtern über KI-Kompetenz. Der Erfolg deines Beitrags wird daran gemessen, wie gut es dir gelingt, komplexe Konzepte verständlich zu machen und praktische Beispiele zu bieten, die Leser:innen direkt in ihrer Arbeit anwenden können."

Ein guter Prompt muss kein Roman sein und oft reicht auch eine einfache Frage aus. Die Qualität der Antwort lässt sich allerdings durch klareren Kontext deutlich verbessern. Im Beispiel wird im besseren Prompt der Rahmen des Buches und der Fokus auf Analytics spezifiziert und dazu noch, aus welcher Perspektive das Modell „denken" soll sowie der erbetene Umfang der Antwort.

Man muss auch kein Prompt Engineer sein (deren Jobs vermutlich ohnehin auch bald von einer KI oder zumindest einem verbesserten User Interface, das bei der Generierung von Prompts helfen kann, ersetzt werden), aber sollte die Grundzüge einer guten Anfrage kennen. Sechs einfache Punkte, die Ihnen helfen, einen besseren Prompt zu schreiben:

1. **Klare Aufgabenbeschreibung und Zieldefinition**: das Kernstück des Prompts: Was ist die Aufgabe und was ist das Ziel? (z. B. Schreibe ein Kapitel über AI Literacy)
2. **Kontext**: Beschreiben Sie möglichst umfassend:
    - Wer die Adressat:innen des Ergebnisses/Textes sind (Fachleute aus dem Bereich Analytics)
    - Wie genau Erfolg gemessen wird (komplexe Konzepte verständlich erklären, praktische Beispiele)
    - Welche Rahmenbedingungen gelten sollen (Fachbuch zu KI-Kompetenz in Analytics)
    - Welche Länge die Antwort haben soll (bis zu 1000 Wörter)
3. **Beispiel**: Geben Sie konkrete Beispiele oder Strukturvorgaben, die das LLM bei der Erstellung des Textes berücksichtigen soll
4. **Persona**: Weisen Sie dem LLM eine spezifische Persona zu, aus deren Sicht es schreiben soll. Man kann z. B. verschiedene Expert:innen benennen und dann das LLM bitten, eine gemeinsam abgestimmte Antwort dieser Expert:innen zu verfassen (Lead AI-Strategie von Google)

> 5. **Format:** Es muss nicht immer Fließtext sein. Es können auch kurze Bullet Points, Markdown, Tabellen, Code etc. sein
> 6. **Tonalität:** Hiermit kann der Output noch einmal in eine komplett andere Richtung gedreht werden. Beispiele wären pessimistisch, optimistisch, förmlich oder informell, aber auch jede andere Tonart – bis hin zu ärgerlich – ist möglich
>
> Nicht alle diese Punkte müssen immer Einsatz finden, aber es hilft, sich diese zu verinnerlichen und ggf. etwas mehr Zeit in das Prompting[3] zu stecken.

Modul 6: Strategischer Einsatz von KI

- **Lernziel:** Identifikation von KI-Use Cases; Bewertung des Potenzials für das Unternehmen sowie Konzepte für die erfolgreiche Umsetzung erstellen
- **Trainingsformate:** Methoden-Schulung zur Strategie-Entwicklung, Case Studies, Strategie-Workshops, Diskussion mit der Unternehmensführung
- **Lernbeispiel:** Durchlaufen eines exemplarischen Design-Thinking-Prozesses für die prototypische Umsetzung eines KI-Use Cases

Modul 7: Ethik und Recht im Bereich Künstliche Intelligenz

- **Lernziel:** Sensibilisierung für ethische und rechtliche Fragestellungen beim Umgang mit KI, einschließlich Bias, Fairness und Privatsphäre
- **Trainingsformate:** Vortrag, Diskussionsrunden, Kurse zu ethischer Entscheidungsfindung, „Dilemma of the Week"-Denkaufgabe in einem internen Newsletter, Ethik-Workshops, Gastredner:innen, Ethical Toolkit[4]

---

[3] OpenAI hat selbst ein paar Tipps zum Prompting zusammengestellt: https://platform.openai.com/docs/guides/prompt-engineering/six-strategies-for-getting-better-results.

[4] Ein gutes Beispiel für ein Ethical Toolkit finden Sie hier: https://www.scu.edu/ethics-in-technology-practice/ethical-toolkit/.

- **Lernbeispiel:** Analyse von realen KI-Anwendungen mit Fokus auf ethischen Dilemmata und Diskussion von Lösungsansätzen

Modul 8: Interdisziplinäre Zusammenarbeit und Kommunikation

- **Lernziel:** Bereitschaft und Fähigkeit zur Zusammenarbeit mit Fachleuten aus verschiedenen Disziplinen über verschiedene Abteilungen hinweg
- **Trainingsformate:** KI- und Data Storytelling-Kurse, grundlegendes Vokabular (siehe Glossar), interdisziplinäre Projektarbeit
- **Lernbeispiel:** Simulation einer interdisziplinären KI-Entwicklungsgruppe mit Teamübungen und gemeinsamen Projekten

Modul 9: (Cyber-)Security und Privacy im Kontext von KI

- **Lernziel:** Verständnis der Sicherheits- und Privacy-Aspekte im Zusammenhang mit KI-Anwendungen, Grundkenntnisse von Privacy Preserving ML und Privacy Enhancing Technologies
- **Trainingsformate:** Vorträge und interaktive Workshops, KI-Governance-Schulung, Seminare über Datenschutzgesetze, Online-Schulung mit abschließenden Tests
- **Lernbeispiel:** Identifikation von Sicherheitslücken in KI-Systemen und Anwendung von Cyber-Security-Maßnahmen

Modul 10: Kontinuierliche Weiterbildung und Lernen lernen

- **Lernziel:** Entwicklung eines individuellen Lern-/Knowledge-Mangement-Konzepts unter Berücksichtigung aktueller Entwicklungen in der KI
- **Trainingsformate:** Initialer Vortrag und Workshop, Zugang zu Online-Kursen, Mentoring Programme, Knowledge Management Tools
- **Lernbeispiel:** Erstellen eines individuellen Weiterbildungsplans mit Fokus auf neuen KI-Technologien

> **IHR TRANSFER IN DIE PRAXIS**
>
> - Welche Prozesse und Infrastruktur stellt Ihre Organisation bereits für Weiterbildungsmaßnahmen (im Bereich KI) zur Verfügung?
> - Welche Maturität im Thema KI hat Ihr Unternehmen und wie soll sich diese im nächsten Jahr, in den nächsten 2 Jahren oder der nächsten Dekade entwickeln?
> - Wer sind die geeigneten Stakeholder, die Input für die Maturitätsanalyse geben können?
> - Sollen im Unternehmen (Self-)Assessment und Kompetenzvermittlung auf ganz individueller Ebene erfolgen oder ergibt die Zusammenfassung von Teams, Abteilungen oder Bereichen Sinn?
> - Welche Prozesse und Artefakte haben Sie bereits im Unternehmen, die Ausdruck einer gelebten Daten- oder KI-Kultur sind? Welche Aspekte stehen dem entgegen?
> - Überlegen Sie sich anhand der 10 Beispielmodule, was davon für Sie relevant ist und was Sie (ggf. mit kleinen Anpassungen) übernehmen könnten.

Literatur

Baghai, M., Coley, S., & White, D. (2000). *The Alchemy of Growth – Practical Insights for Building the Enduring Enterprise*. Basic Books.

Diehl, A. (16. Januar 2018). *McKinsey 3 Horizon – Ordnung für deine Digitalstrategie*. Digitale Neuordnung. https://digitaleneuordnung.de/blog/mckinsey-3-horizon-verstehen-und-anwenden/. Zugegriffen: 10. Jan. 2024.

Foelsing, J., & Schmitz, A. (2021). *New Work braucht New Learning – Eine Perspektivreise durch die Transformation unserer Organisations- und Lernwelten*. Springer Gabler.

Greiner, R., Berger, D., & Böck, M. (2022). *Analytics und AI – Datenprojekte mehrwertorientiert, agil und nachhaltig planen und umsetzen*. Springer Gabler.

Greiner, R. (2023). *Moderner Wahlkampf – Ihr Werkzeugkoffer für agile Kampagnen und starke politische Kommunikation*. Springer Gabler.

Roubini, N. (2022). *Megathreats – The ten trends that imperil our future, and how to survive them*. John Murray.

Zahidi, S. (22. Januar 2020). *We need a global reskilling revolution – Here's why*. World Economic Forum. https://www.weforum.org/agenda/2020/01/reskilling-revolution-jobs-future-skills/. Zugegriffen: 15. Jan. 2024.

Schlussbemerkung: Der Friedhof der KI-Projekte

> **WAS SIE AUS DIESEM KAPITEL MITNEHMEN**
> - Was „Survivorship-Bias" bedeutet und wieso wir oft nur Erfolgsstories wahrnehmen
> - Wie wir mit den Hypes im Zeitalter der KI umgehen sollten
> - Warum es KI-Kompetenz und kritisches Denken braucht, um herauszufinden, aus welchen Fehlern und Projekten man wirklich lernen kann
> - Mit welchen Tipps Sie es garantiert schaffen, dass Ihre Projekte scheitern
> - Was Scheitern mit Ihrer Datenkultur zu tun hat und wie diese gefördert werden kann

Heute hören wir überall begeisterte Berichte über die herausragenden Erfolge von Unternehmen, die sich der Künstlichen Intelligenz zugewandt haben. Dieser vermeintliche Enthusiasmus ist jedoch ein typischer Fall von Survivorship Bias – einer kognitiven Verzerrung, die auftritt, wenn wir uns bei der Analyse einer Sache den falschen Daten zuwenden bzw. dem falschen Ausschnitt an Daten.

Der Begriff „Survivorship Bias" (auf deutsch in etwa: Überlebenden-Verzerrung) wurde ursprünglich in der Luftfahrt geprägt. Man untersuchte die Einschusslöcher und Schäden an Flugzeugen, die aus Einsätzen im Zweiten Weltkrieg zurückkehrten, um herauszufinden, welche Stellen man künftig verstärken und besser sichern müsse. Entgegen dieser zunächst ganz plausibel klingenden Vorgehensweise musste man aber natürlich vor allem die Stellen verstärken, die die wenigsten Einschusslöcher aufwiesen, da die dort getroffenen Flugzeuge vermutlich direkt abgestürzt sind.

Im unternehmerischen KI-Kontext bedeutet der Survivorship Bias, dass wir uns leicht von Erfolgsgeschichten täuschen lassen können, weil wir häufig nur diejenigen KI-Anwendungen nutzen und präsentiert bekommen, die erfolgreich sind. Dabei übersehen wir die zahlreichen KI-Initiativen, die gescheitert sind, aus strategischen Gründen oder ethischen Bedenken zurückgezogen wurden oder einfach nur Unmengen an Geld verschlungen haben, ohne ein verwertbares Ergebnis zu liefern.

Ab auf den KI-Friedhof

Todsichere Tipps, damit auch Ihr Vorhaben auf dem Friedhof der KI-Projekte landet*:

1. **Big Data = Big Harvest:** Wenn die Datenmenge passt, kommt der Mehrwert von alleine! Datensparsamkeit ist was für Unternehmen, die Skalierung nicht verstanden haben.
2. **Reitet die KI-Welle im XXL-Format!** Ein eigenes GPT – oder noch besser: LLM – lohnt sich schon heute für alle Unternehmen!
3. **Prompting is King!** Prompt Engineers als wichtigste Ressourcen sollten entsprechend zügig eingestellt werden.
4. **One Size fits all!** Standardisierte Trainings können alle Mitarbeiter:innen kostengünstig auf ein einheitliches Level schulen.
5. **Tools First Strategy:** KI-Trainings sollten in erster Linie den versierten Umgang mit Tools fördern, da hier der Mehrwert unmittelbar gegeben ist.
6. **Choose wisely!** Strategie oder Literacy, es kann nur eine geben!
7. **Es werde Licht!** Mit genug Leuchtturm-Projekten wird nach und nach alles gleichmäßig erleuchtet.
8. **Kaufen statt bilden!** Es geht ja viel schneller, externe Services zu kaufen als interne Strukturen und Kompetenzen aufzubauen.

*Diese Tipps wären wirklich nur dann als gute Tipps anzusehen, wenn Ihr Unternehmen Google/Meta/Microsoft o. ä. heißt, Geld und Ressourcen keine Rolle spielen und Sie am besten noch ein eigenes Rechencenter betreiben.

Es kann also zu fehlerhaften Schlussfolgerungen führen, wenn wir glauben, dass bestimmte Strategien zwangsläufig zu KI-Erfolg führen, ohne dabei die gesamte Bandbreite der realen Erfahrungen und insgesamt begonnenen, also auch gescheiterten, Projekte zu berücksichtigen.

Dies ist zwar eine richtige Lesart des Survivorship-Bias, doch ist sie im Zeitalter von KI und immer besseren Marketing- und Kommunikationsmethoden noch zu kurz gegriffen und banal. Heute muss es zwangsläufig auch darum gehen, die Erfolgsgeschichten selbst kritisch zu hinterfragen und nicht alles als Erfolg hinzunehmen, was als Erfolg verkauft wird. Wir müssen lernen, Hypes einzuordnen und dem lauten Schreien der AI Influencer und der Tech-Giganten zu widerstehen, denn der Weg vom Hype zum KI-Friedhof ist bei aufwendigen und revolutionären Anwendungen besonders kurz.

Wir müssen heute jedoch außerdem das genaue Gegenteil kritisch reflektieren, nämlich wenn allzu laut vom Scheitern gesprochen und eindringlich vor Gefahren gewarnt wird. Wir brauchen KI-Kompetenz und kritisches Denken, um herauszufinden, welche Beispiele des Scheiterns uns wirklich helfen können, aus den Fehlern anderer zu lernen. Es ist zwar in den letzten Jahren Mode geworden, auf Konferenz-Bühnen sogenannte „Fuck Up Stories" zu berichten, doch nicht selten handelt es sich dabei um Koketterie, die auch als „Humblebrag" bezeichnet werden kann – einem 2010 vom US-amerikanischen Autor und Komiker Harris Wittels geprägten Begriff: Man gibt sich bescheiden, redet über sein angebliches Scheitern und die eigenen Fehler, doch eigentlich nur, um die Erfolge und das eigene Produkt noch besser dastehen zu lassen.

Wenn im März 2023 die prominentesten Vertreter:innen der AI-Branche in einem Offenen Brief ein Moratorium der KI-Entwicklung fordern, dann ist auch das kritisch zu hinterfragen (Leisegang, 2023). Seit 2021 haben wir für das Phänomen, das uns im Zuge von KI noch öfter begegnen wird, ebenfalls ein treffendes Wort: „Criti-Hype" (Vinsel, 2021): Man kritisiert ein Hype-Thema, betont und hyperbolisiert die negativen Aspekte, was den Hype aber letztlich weiter befeuert. Und warum das Ganze? Vielleicht wollten Elon Musk, Steve Wozniak und die anderen Unterzeichner:innen die Menschheit ja wirklich nur vor den Gefahren warnen? Ja, vielleicht. Vielleicht wollen sie die KI-Anwendungen aber auch als mächtiger darstellen als sie eigentlich sind, von Unzulänglichkeiten ablenken und mit der Aktion die Werbetrommel für weitere Kund:innen und Investor:innen rühren.

Dasselbe Phänomen zeigt sich übrigens auch, wenn dieselben Quellen uns vermitteln, dass wir alle unsere Jobs verlieren werden, wenn wir nicht lernen, KI zu nutzen, jedes neue Tool ausprobieren und am besten noch unsere eigenen kleinen Modelle entwickeln. Ja, Experimente und Kompetenzen im Bereich KI – in Theorie und Anwendung – sind wichtig, aber in allererster Linie sollten wir unseren gesunden Menschenverstand nicht an den Nagel hängen, sondern überlegt, kritisch und vernünftig auf die Geschehnisse blicken und Weiterbildung in für uns relevanter Art und Weise strukturiert angehen.

Wir müssen bei allen Hypes und Horrorszenarien, die in den nächsten Jahren auf uns zukommen, zunächst die Quellen der Aussagen und Meldungen in Augenschein nehmen, die „Cui-bono?"-Frage stellen und uns dann mit verlässlichen Quellen über die Themen austauschen und uns weiter informieren. Wir müssen uns Verifikations- und Falsifikationsstrategien für Pressemeldungen, mögliche Deep Fakes sowie Aussagen von Kolleg:innen, Vorgesetzten und dem Nachbarn überlegen. Wir sollten uns dann auch gescheiterte Projekte ansehen und versuchen, die Ursachen für das Scheitern zu ergründen, um es selber besser zu machen.

Gerade wenn wir innerhalb des Unternehmens gescheiterte Projekte betrachten, dient dies nicht nur dem Lernen voneinander und dem Lernen aus Fehlern auf unternehmerischer Ebene, sondern trägt auch zu einer gelebten Daten- und KI-Kultur bei: Der offene Austausch fördert die KI-Kompetenz, indem Probleme angesprochen werden können und eine wohlwollende Scheiter-Kultur herrscht. Dies erzeugt „Psychological Safety", die wiederum zu motivierteren Mitarbeitenden führt, die das Beste aus sich herausholen können, weil das Streben nach Exzellenz und gelungenen Projekten im Vordergrund steht und nicht Angst und das unbedingte Vermeiden von Fehlern.

IHR TRANSFER IN DIE PRAXIS

- Sammeln Sie Beispiele für Hype-Themen und Hype-Artikel im Bereich KI und diskutieren Sie diese anhand der genannten Aspekte, um Routine im Umgang mit diesen Meldungen zu entwickeln.
- Überlegen Sie sich drei Maßnahmen, wie Sie das Gefühl von „Psychological Safety" in Ihrem Unternehmen vermitteln können. Holen Sie dazu Feedback und Beispiele von Ihren Mitarbeitenden ein.
- Brainstormen Sie gescheiterte KI-projekte, die Ihnen einfallen oder Beispiele, bei denen Sie aus den KI-Fehlern anderer lernen können. Formulieren Sie die Erkenntnisse als „DOs & DON'Ts" gemeinsam mit anderen und lassen Sie diese Listen über die Zeit wachsen.

Literatur

Vinsel, L. (01. Februar 2021). *You're Doing It Wrong: Notes on Criticism and Technology Hype.* https://sts-news.medium.com/youre-ng-it-wrong-notes-on-criticism-and-technology-hype-18b08b4307e5. Zugegriffen: 10. Jan. 2024.

Leisegang, D. (31. März 2023). Opfer des Hypes. *Netzpolitik.org.* https://netzpolitik.org/2023/offener-brief-zu-ki-opfer-des-hypes/. *Zugegriffen: 08. Jan. 2024.*

GLOSSAR

A/B-Testing Auch Split-Test genannt; Testmethode zur Bewertung zweier verschiedener Varianten, um herauszufinden, welche der beiden die besseren Ergebnisse liefert.

API (Application Programming Interface) Schnittstelle zwischen zwei Systemen, die es den Systemen erlaubt, zu interagieren. Bei der Arbeit mit Daten werden APIs vielfach genutzt, um Daten aus dem einen System zu exportieren und in das andere System zu integrieren.

Backpropagation Auch Rückpropagierung genannt; iterativer Algorithmus, der die Gewichtungen der Verbindungen eines Neuronalen Netzes schrittweise erlernt – durch die schrittweise Minimierung des Fehlers zwischen gegebenen und vorhergesagten Ein- und Ausgaben des Netzes.

CDP (Customer Data Platform) Software, die Daten aus verschiedenen Quellen zusammenführt, bereinigt und kombiniert, um eine einheitliche Kund:innendatenbank zu erstellen und je Kund:in ein einziges, zentrales Profil zu generieren. Zusätzlich bieten diese Plattformen häufig die Rückspielung (Aktivierung) der Ergebnisse an die Quellsysteme an.

Cloud Sie stellt geteilte Computer-Ressourcen als Dienstleistung (in Form von Servern, Datenspeichern oder Applikationen) zur Verfügung. Die großen Player sind AWS (Amazon), Azure (Microsoft) und GCP (Google).

Concept Relevance Propagation Neuartiges Verfahren zur Erklärbarkeit von KI-Entscheidungen auf Konzeptebene, das die relevanten Merkmale für die getroffene Entscheidung zeigt und verwendete Konzepte aufdeckt.

Contextual Targeting Verfahren, bei dem Werbemittel anhand von Kontext und Keywords auf einer Webseite ausgesteuert werden, um Streuverluste zu minimieren und die Anzeigenschaltung gezielter zu gestalten.

Cookies Kleine Textdateien, die von Internet-Browsern und -Seiten erzeugt und auf den Endgeräten von Nutzer:innen gespeichert werden, um diese (bzw. genauer gesagt: deren Endgeräte) bei einem erneuten Besuch zu identifizieren.

Customer Relationship Management (CRM) Strategischer Ansatz zur Pflege der Kund:innenbeziehung in Marketing, Vertrieb, E-Commerce oder Kundenservice, um eine optimale Kundenorientierung und -bindung zu erreichen.

Data Lake Zentraler Speicher, der große Mengen an strukturierten und unstrukturierten Daten in ihrem Rohformat aufnimmt.

Data Literacy (dt. Datenkompetenz) Summe an Kompetenzen, die Personen dazu befähigen, mit Daten arbeiten zu können (z. B. Daten lesen, Datenquellen verstehen, analytische Methoden kennen und anwenden sowie den Wert von Daten-Use Cases beschreiben können).

Daten-Set (engl. data set) Zusammenhängende Menge von Daten, meist in einem tabellarischen Format.

Demand-Side-Platform (DSP) Technologieplattform im Bereich der digitalen Werbung, die es Werbetreibenden ermöglicht, Werbeflächen automatisch und effizient einzukaufen. DSPs ermöglichen den Zugang zu verschiedenen Werbeinventaren und unterstützen Werbetreibende bei der Auslieferung von Anzeigen an die Zielgruppe durch Echtzeit-Auktionsmechanismen und gezielte Ausrichtungsoptionen.

Design Thinking Sammelsurium an Problemlösungsmethoden, die auf den Prinzipien von Empathie, Ideation und Prototyping basieren und sich auf die Bedürfnisse und Perspektiven der Benutzer:innen konzentrieren.

DMP (Data Management Platform) Technologieplattform, die zum Sammeln und Verwalten von Daten für das digitale Marketing verwendet wird. Sie dient der Generierung von Zielgruppensegmenten, die zur gezielten Ausspielung von Online-Werbung verwendet werden.

DSGVO (= Europäische Datenschutz-Grundverordnung) Trat am 25. Mai 2018 in Kraft.

DWH (Data Warehouse) Zentrale Datenbank, die (meist durch einen ETL-Prozess) Daten aus mehreren, oft heterogenen Quellen zusammenführt. Im

Gegensatz zu anderen Datenbanken sind DWHs auf das schnelle Abrufen/ Analysieren der Daten ausgelegt.

Embeddings Wandeln Tokens nicht nur in einzelne Zahlen um, sondern beschreiben die Tokens über einen mehrdimensionalen Vektor. Dieser Vektor besteht aus einer Vielzahl von Zahlen, die die Eigenschaften des Wortes und seine Ähnlichkeit zu anderen Wörtern repräsentieren. Das Wort Krake könnte z. B. über drei Dimensionen in folgendem Vektor beschrieben werden: [0.5, -0.2, 0.8]. Embeddings werden oft über vortrainierte Modelle (Neuronale Netze wie z. B. Transformer) durchgeführt, die z. B. über Huggingface bereitgestellt werden.

ETL (Extract, Transform, Load) oder ETL-Strecke Prozessierung, bei der Daten aus mehreren, gegebenenfalls unterschiedlich strukturierten Datenquellen in einer Zieldatenbank zusammengeführt werden. Die ETL-Strecke besteht aus der Extraktion der relevanten Daten aus verschiedenen Quellen, der Transformation der Daten in das Format der Zieldatenbank und dem Laden der Daten in die Zieldatenbank.

Generative Pre-Trained Transformer (GPT) Die derzeit populärsten LLM-Systeme. OpenAI (mit ChatGPT und darin verwendeten Modellen wie GPT-4) hat derzeit den größten Erfolg. Viele andere LLMs sind strukturell auch GPTs, aber vor allem OpenAI verwendet den Begriff für seine Systeme.

Gradient Boosting Machines (GBM) Klasse von Machine-Learning-Algorithmen, die zu den Ensembles zählen, bei denen mehrere schwache (einfachere) Modelle trainiert und zu einem starken Modell kombiniert werden.

Identifikator (engl. Identifier) Kennung (z. B. Login-ID, Kund:innennummer, E-Mail-Adresse) bzw. Kennzeichnung im digitalen Marketing für einen bestimmten Datensatz, die es ermöglicht, verschiedene zugehörige Datenpunkte aus verschiedenen Datenquellen miteinander zu verbinden.

Ingestion Auch Data Ingestion genannt; beschreibt das Sammeln oder den Import von Daten aus einer Quelle oder mehreren Quellen in ein gemeinsames Zielsystem (z. B. eine Datenbank).

Inkrementell Vorgehen, bei dem Schritt für Schritt einzelne Teile eines Gesamtsystems ergänzt werden, bis das Gesamtsystem umgesetzt ist. Die aufeinander aufbauenden Teile werden Inkremente genannt.

Integration Im Gegensatz zur Ingestion werden bei der Integration Daten von verschiedenen Systemen nicht nur transportiert, sondern zusammengeführt und – wenn notwendig – auch transformiert.

Iterativ Vorgehen, bei dem eine Lösung nach und nach in aufeinanderfolgenden Phasen (Iterationen) weiterentwickelt, überarbeitet oder ergänzt wird.

k-means Ein Clustering-Algorithmus, der Datenpunkte in eine vordefinierte Anzahl von Gruppen (Cluster) gruppiert, wobei jedes Cluster durch den Mittelwert seiner Mitglieder repräsentiert wird.

kNN (k-Nearest Neighbors) Ein überwachter Machine-Learning-Algorithmus, der auf der Annahme basiert, dass ähnliche Datenpunkte in einem Merkmalsraum auch ähnliche Zielwerte haben. Er bestimmt die Klasse eines Punktes durch Mehrheitsabstimmung seiner k-nächsten Nachbarn.

Kontext-Fenster (engl. Context Window) Kann man sich wie den Arbeitsspeicher eines LLMs vorstellen. Es umfasst bei LLMs den Kontext eines aktuell zu generierenden Wortes. Obwohl LLMs immer nur das nächste Wort vorhersagen, geschieht diese Vorhersage unter Einbezug aller vorher geschrieben Worte (Tokens), inklusive der Eingabe der Nutzer:innen, aber nur innerhalb dieses Fensters. Je größer das Fenster, umso mehr muss berechnet werden. Inhalte außerhalb des Fensters sind vergessen.

KPI (Key Performance Indicator) Wichtige Kennzahl, die es erlaubt, die Leistung zentraler Aktivitäten eines Projekts, Teams oder Unternehmens zu messen und daraus Handlungen und Entscheidungen abzuleiten.

Künstliche Neuronale Netze (KNN) KNN bestehen aus künstlichen Neuronen (inspiriert von Neuronalen Netzen im Gehirn). KNN werden beim Deep Learning/Maschinellen Lernen mit großen Datenmengen trainiert. Sie verfügen über Fähigkeiten, die nur schwer durch normale Programmierung hergestellt werden können (Objekterkennung, Sprachgenerierung).

Large Language Models (LLM) Künstliche Neuronale Netze, die auf NLP spezialisiert sind und natürliche Sprache „verstehen" und generieren können. Sie werden auf gigantischen Text-Datensätzen trainiert, um (oft) das jeweils wahrscheinlichste nächste Wort vorhersagen zu können.

Modern Data Stack Tools und Technologien einer modernen Datenarchitektur für die Extraktion, Transformation, Speicherung und Analyse von Unternehmensdaten. Durch den Einsatz verschiedener spezialisierter, oft cloudbasierter Technologien soll die Datenverarbeitung effizienter und skalierbarer werden.

Naive Bayes Probabilistischer Klassifikationsalgorithmus, der auf dem Bayes-Theorem basiert. „Naive" bezieht sich auf die Annahme, dass die Merkmale unabhängig voneinander sind. Dies erleichtert die Berechnung der Wahrscheinlichkeit einer bestimmten Klasse für einen gegebenen Datenpunkt.

GLOSSAR 157

NLP (Natural Language Processing) Feld der KI, das sich dem maschinellen Analysieren, Transformieren und Generieren von natürlicher Sprache widmet.

Parameter Gewichtete Verbindungen zwischen den künstlichen Neuronen in KNN. In den Parametern liegen die Informationen, mit denen eine KI, die auf KNN basiert, arbeitet. Die Anzahl der Parameter zeigt Größe, Komplexität und damit auch Leistungsfähigkeit einer KI.

Prompt Kurze Textanfrage oder Eingabe, die an ein Modell gesendet wird, um eine spezifische Antwort zu erhalten. Ein Prompt dient als Startpunkt für die Interaktion mit dem Modell und beeinflusst die Ausgabe des Modells basierend auf dem gegebenen Kontext.

Publisher Ermöglicht es Advertisern (Werbetreibenden), Anzeigen in Apps oder auf Webseiten des Publishers zu schalten; große Publisher sind etwa Facebook, Google, Amazon, Axel Springer etc.

Reinforcement Learning by Human Feedback (RLHF) Ansatz im Bereich des verstärkenden Lernens, bei dem menschliches Feedback zur Anpassung von Modellparametern verwendet wird, um die Lernprozesse von künstlichen Agenten zu verbessern. RLHF kommt insbesondere beim Finetuning von LLMs zum Einsatz.

Re-Marketing/Re-Targeting Maßnahmen, mit denen Website-Besucher:innen oder Kund:innen auf (anderen) Websites oder Plattformen gezielt angesprochen werden; Personalisierte Anzeigen versprechen einen höheren Werbeerfolg, bedürfen aber einer Einwilligung.

Safe-to-Fail-Experimente Oft iterative Experimente in kleinem Maßstab und ohne großes Risiko. Die gemachten Änderungen können bei Safe-to-Fail-Experimenten – z. B. durch Versionierung in GitHub – auch leicht wieder rückgängig gemacht werden (reversibel).

SQL (Structured Query Language) Datenbanksprache, mit der es möglich ist, Daten aus einer Datenbank abzufragen oder zu bearbeiten (Einfügen, Verändern, Löschen).

Supply-Side-Plattform (SSP) Technologieplattform im Bereich der digitalen Werbung, die es Publishern ermöglicht, ihre Werbeflächen (Inventar) automatisch und effizient an Werbetreibende zu verkaufen, oft über Echtzeit-Auktionsmechanismen (Real-Time Bidding)

Support Vector Machines (SVM) Überwachte Maschine-Learning-Algorithmen, die zur Klassifikation oder Regression verwendet werden. Sie identifizieren Trennebenen im Merkmalsraum, um Datenpunkte in verschiedene Klassen zu kategorisieren oder numerische Werte vorherzusagen.

Third Party Cookie Cookie, der durch einen Dritten gesetzt wird und nicht von der eigentlichen Website, auf der man sich gerade befindet.

Tokenization Prozess, bei dem gegebener Text in Worte oder Wortbestandteile zerlegt wird. Der Satz „Kraken haben drei Herzen" könnte in die Tokens „Kraken", „haben", „drei" und „Herzen" aufgeteilt werden. Anschließend erfolgt die Umwandlung von Wörtern in bestimmte, eindeutige Zahlen wie z. B. „Kraken" → 1, „haben" → 3, „drei" → 7, „Herzen" → 5. Hierdurch lässt sich der Satz auch als [1, 3, 7, 5] s schreiben.

Tokens In ganze Zahlen umgewandelte Worte oder Wortbestandteile. Wenn LLMs trainiert werden, müssen die Trainingsdaten in Tokens umgewandelt werden. Wenn LLMs Sprache verarbeiten oder generieren, verarbeiten sie Tokens und generieren Tokens, die am Ende wieder in Worte umgewandelt werden.

Transformer Bestimmte Architektur eines Neuronalen Netzes mit einem sogenannten Aufmerksamkeitsmechanismus, der es ermöglicht, Sequenzen wie Sätze oder Zeitreihen besonders gut zu verarbeiten. Transformer sind Grundlage vieler LLMs.

GLOSSAR 159

springer-gabler.de

Mehr Bücher der Autor:innen

Jetzt bestellen: link.springer.com

MIX
Papier aus verantwortungsvollen Quellen
Paper from responsible sources
FSC® C105338

If you have any concerns about our products,
you can contact us on
ProductSafety@springernature.com

In case Publisher is established outside the EU,
the EU authorized representative is:
**Springer Nature Customer Service Center GmbH
Europaplatz 3, 69115 Heidelberg, Germany**

Printed by Libri Plureos GmbH
in Hamburg, Germany